GERHARD FRIEDRICH

Utopie und Reich Gottes

Zur Motivation politischen Verhaltens

VANDENHOECK & RUPRECHT IN GÖTTINGEN

Gerhard Friedrich

Geboren 1908 in Jodszen, Kreis Pillkallen, Ostpreußen. Studium der Theologie in Marburg, Tübingen und Königsberg. Erstes theologisches Examen 1933, Assistent in Tübingen 1933 bis 1936, zweites theologisches Examen, Promotion zum Dr. theol. 1939 in Tübingen; Inspektor am Predigerseminar der Bekennenden Kirche in Ostpreußen; Pfarrer in Großheidekrug, Samland; Wehrdienst und Kriegsgefangenschaft 1939—1947; Leiter der Theologischen Schule für Kriegsgefangene in England und Irland; Dozent an der Kirchlichen Hochschule Bethel 1947—1953; Extraordinariat in Kiel, Ordinariat in Erlangen 1954—1968, ab 1968 in Kiel.

Vortragsreisen im Ausland, besonders in Japan. Zunächst Mitarbeiter, dann Herausgeber des elfbändigen Theologischen Wörterbuches zum Neuen Testament, Herausgeber der Kommentarreihe Das Neue Testament Deutsch; dort Auslegung des Philipper- und Philemonbriefes; Mitherausgeber der Zeitschrift Kerygma und Dogma; zahlreiche Veröffentlichungen in verschiedenen Zeitschriften, Sammelwerken und Festschriften. Schwerpunkt der Forschung: Begriffsgeschichtliche Untersuchungen im Rahmen lexikographischer Studien über wichtige Begriffe des Neuen Testaments.

Kleine Vandenhoeck-Reihe 1403

Gesamtherstellung: Verlagsdruckerei E. Rieder, Schrobenhausen

ISBN 3-525-33368-4

1.

„Utopie" wie „Reich Gottes" sind nicht eindeutige Begriffe.
Das Verständnis von „Utopie" hat sich im Laufe der Zeit
gewandelt, während der Ausdruck „Reich Gottes" schon im
Neuen Testament eine gewisse Bedeutungsbreite hat.

Das Wort „Utopie" ist von Thomas Morus geprägt und bedeutet *ou-topia,* „Nicht-Ort". Morus hatte seine ferne Insel
in Briefen an seine Freunde lateinisch auch „Nusquama"-
„Nirgendwo" genannt[1]. Der volle Titel seiner Schrift lautete:
„Libellus uere aureus, nec minus salutaris quam festiuus de
optimo reipublicae statu deque noua insula Vtopia." Aus der
Gleichsetzung von *de optimo reipublicae statu* und „Insula
Vtopia" ergab sich, daß die geographische Angabe „Utopia"
später zur Bezeichnung eines Staatsromans wurde. „Utopia"
ist das Land, das den besten Staat hat, den man sich überhaupt denken kann, der aber in weiter Ferne liegt. Im 17.
und 18. Jahrhundert wurde das Wort „Utopia" in dem mehr
allgemein gehaltenen Sinne von Entwürfen gebraucht, die
das zukünftige Glück der Menschen beschreiben. Es sind
Träume, die man als Wirklichkeit ausgibt. Dadurch verbindet sich mit dem Wort „Utopia" der Gedanke der Un-
ausführbarkeit. Utopisch wird gleichbedeutend mit unreali-
stisch, unmöglich, phantastisch, illusionär. Dementsprechend
versteht man unter Utopien „müßige Gedankenspielerei",
„das Hirngespinst, das jeder Logik bar ist"[2].
Die Entwicklung ist bei dieser Abwertung nicht stehenge-
blieben. Erstaunlicherweise erhält die Utopie wieder eine
positive Bedeutung. Nach Bloch ist sie der Realzustand der
Unfertigkeit. Alle Bereiche des Lebens sind mit Utopie erfüllt. Die Utopie ist nicht an irgendeine literarische Form
gebunden, sondern sie wird als eine Bewußtseinsform angesehen, die sich verschieden äußern kann. Sie ist „der Traum
von der ‚wahren' und gerechten Lebensordnung"[3]. Im „soli-
den Traum"[4] ist das utopische Ziel gegenwärtig. Wenn es

auch nur im Traum realisiert ist, so enthält der Traum doch ein Ideal, von dem reale Wirkungen ausgehen. Die Utopie greift über das gegenwärtige Sein hinaus und wird Ansporn, das Erdachte und Erträumte zu verwirklichen. Sie ist nicht mehr das Unverwirklichbare, sondern eher das Noch-nicht-Verwirklichbare bzw. sogar das Noch-nicht-Verwirklichte[5]. Aus dem Hirngespinst der früheren Zeit wird die rationale Utopie, aus der Gedankenspielerei die Futurologie, aus dem träumenden Phantasten der wissenschaftliche Konstrukteur der Zukunft.

Weil die Bezeichnung „Utopie" nicht mehr eindeutig ist[6], charakterisiert man ihre Eigenart durch Beifügung von Adjektiven. So spricht man von rückwärts- und vorwärtsgewandter, von antiker und klassischer, von politischer, etatistischer, ökonomischer, sozialer, kollektivistischer, technischer und biologischer, von relativer, konkreter, absoluter, potentieller, dynamischer, psychologischer, revolutionärer, archistischer und anarchistischer, von erträumter, ideologischer, kritischer, realer, aufgeklärter, rationaler, humanistischer, religiöser und christlicher Utopie, um die verschiedenen Ausprägungen zu unterscheiden[7]. Zur Utopie gehören die Schlaraffiaden, Robinsonaden und Satiren wie auch die sogenannten Staatsromane. Zu den Utopien rechnet man aber auch die ökonomischen Reformvorschläge, sozialen Aktionsprogramme, staatsphilosophischen Betrachtungen und technischen Zukunftspläne. Dieses weite Feld von Formen und Anschauungen erscheint unter dem Namen Utopie.

Eine gewisse Mehrdeutigkeit läßt sich auch beim Komplex „Reich Gottes" feststellen. Das Neue Testament spricht absolut vom „Reich", das dann wieder charakterisiert wird als „Reich Gottes" bzw. „Herrschaft Gottes", „Reich des Vaters", „Himmelreich" oder auch als „Reich Christi", „Reich des Menschensohnes" oder „Reich des Sohnes". Man hat versucht, diese verschiedenen Ausdrucksweisen voneinander abzugrenzen und charakteristische Unterschiede herauszustellen. So meint z. B. Hellmut Traub[8], daß „Himmel" bei der Wendung „Himmelreich" nicht nur ein für das Judentum übliches Ersatzwort für Gott ist, sondern die dynamische Ausgangsbezeichnung für die hereinbrechende Gottesherrschaft: „Gottes herrschaftliches und herrschaftbringendes Handeln ist verstanden als eine vom Himmel her handelnde Herrschaft."[9] Die Vermutung trifft nicht zu. Die Ausdrucksweise „Himmelreich" findet sich fast ausschließlich bei Matthäus. Es ist kaum anzunehmen, daß Matthäus etwas anderes als Markus und Lukas sagen will. Der Ausdruck „Himmelsherrschaft" begegnet uns im jüdischen Schrifttum zum ersten Mal bei Jochanan ben Zakkai um 80 nach Christus[10]. Wie die Schriften von Qumran, die älter als die Evangelien sind, zeigen, hat man dort durchaus keine Scheu gehabt, die Worte *el* und *elohim* zu gebrauchen (1 QM 6, 6; 12, 7). Daraus kann man schließen, daß die Tendenz, das Aussprechen der Termini für „Gott" zu vermeiden, erst in späterer Zeit stärker hervorgetreten ist. Matthäus, der sein Evangelium zur selben Zeit geschrieben hat, als Jochanan ben Zakkai von der Himmelsherrschaft sprach, gebraucht der theologischen Tendenz des Judentums entsprechend die Wendung „Himmelreich". Grundsätzlich besteht zwischen den beiden Begriffen „Gottesherrschaft" und „Himmelreich" kein Unterschied.

Oscar Cullmann[11] versucht, „Reich Gottes" und „Reich Christi" voneinander abzugrenzen. Das Reich Christi ist nach Cullmann eine gegenwärtige Größe, so daß die Christen zu ihm gehören (Kol. 1, 13), während das Reich Gottes rein zukünftig ist. Aber wenn Jesus Lk. 22, 29 seinen Jüngern verheißt, daß sie in seinem Reich an seinem Tisch essen und trinken werden, ist von dem zukünftigen Reich Christi die Rede, und das Reich Gottes ist nach den Aussagen der Synoptiker durchaus auch etwas Gegenwärtiges. Eph. 5, 5 werden sowohl „Reich Gottes" wie „Reich Christi" erwähnt, ohne daß sie differenziert werden.

Obwohl zwischen den Termini „Reich Gottes" und „Himmelreich" kein Unterschied besteht, sind die Aussagen über das Reich im Neuen Testament nicht einheitlich. Bei den Synoptikern findet sich die Spruchgruppe vom „Eingehen in das Reich Gottes bzw. das Himmelreich" (vgl. Mt. 5, 20; 7, 21; 23, 13; Mk. 9, 47; 10, 15. 23)[12] oder aber auch vom „Hinausgestoßenwerden aus dem Himmelreich" (Mt. 8, 12), die den Eindruck erweckt, als ob das „Reich" ein lokaler

Bezirk ist. Im Gegensatz dazu zeigt eine Fülle von Aussagen, daß es sich um eine zeitliche Größe handelt, so daß man von ihr präsentische und futurische Aussagen machen kann. Darum übersetzt man den Terminus besser nicht mit „Reich", sondern mit „Herrschaft". Obwohl die Gottesherrschaft mitten unter den Menschen gegenwärtig ist (Lk. 17, 21), lehrt Jesus seine Jünger beten: „Dein Reich komme" (Lk. 11, 2). Nach Mt. 6, 33 soll man sich nach der Herrschaft Gottes ausstrecken, und doch kann man zu ihrem Kommen nichts beitragen, sondern soll sie sich schenken lassen, wie ein Kind sich beschenken läßt (Mk. 10, 15). Das Reich ist etwas eschatologisch Ausstehendes, so daß es mit dem kommenden Äon, der neuen Schöpfung gleichgesetzt werden kann. An anderen Stellen kommt es wieder dem Verständnis von Kirche sehr nahe (z. B. Mt. 13; 24. 41. 47).

Dementsprechend finden sich in der Auslegung auch ganz verschiedene Konkretisierungen der „Reich Gottes"-Aussagen. Im Neuen Testament wird nirgendwo eine klare Beschreibung gegeben, was das Reich Gottes ist. Für viele ist „Himmelreich" ein jenseitiger Ort, identisch mit dem Himmel. Ritschl versteht in der Nachfolge von Kant das Reich Gottes ganz innerweltlich als das höchste ethische Gut. Die Puritaner wollten in Amerika das Gottesreich errichten[13], und in der Gegenwart sehen einige im sozialistischen Staat die Verwirklichung des Gottesreiches[14]. So zeigt sich, daß die Aussagen über das Reich Gottes im Neuen Testament nicht einheitlich sind und man im Laufe der Zeit ganz verschiedene Vorstellungen vom Wesen des Reiches Gottes entwickelt hat.

Wie verhalten sich nun Utopie und Reich Gottes zueinander? Haben sie nichts miteinander zu tun, oder sind es feindliche Brüder, die dasselbe wollen, es aber anders motivieren? Handelt es sich um unüberbrückbare Gegensätze, oder sind sie identisch, so daß sie nur verschiedene Bezeichnungen für dieselbe Sache darstellen? Nach Lewis Mumford[15] ist die Utopie der ersten fünfzehnhundert Jahre nach Christus „in den Himmel verlegt und nennt sich Reich Gottes". Moses Heß[16] hat die These vertreten, daß das Reich Gottes, das neue Jerusalem, nach dem Christus sich schon gesehnt hatte und auf das seine ersten Jünger und die ganze Christenheit gehofft und das sie prophezeit hatten, mit Spinoza begonnen habe. Die Annahme ist weit verbreitet, daß die Utopie die säkularisierte Form der jüdisch-christlichen Eschatologie ist. Aber man muß bedenken, daß Hesiod und Plato bei ihren utopischen Entwürfen[17] die jüdisch-christliche Eschatologie nicht kannten. Die Verfasser der klassischen Utopien der Neuzeit Thomas Morus, Francis Bacon und Tommaso Campanella wollen in ihren Entwürfen, jeder in seiner Weise, das Christentum zum Ausdruck bringen.

2.

Thomas Morus, Francis Bacon und Tommaso Campanella sind die klassischen Vertreter von Utopien in neuerer Zeit. Sie entwerfen ideale Staatswesen, in denen sie — jeder in seiner Weise — Forderungen des Neuen Testaments verwirklicht sehen.

1516, ein Jahr vor dem Thesenanschlag Luthers, aber gleichzeitig mit Machiavellis Buch vom Fürsten, erschien die Schrift „Utopia" von Thomas Morus, dem späteren Lordkanzler Heinrichs VIII., zunächst in lateinischer Sprache, dann ins Englische, 1524 bereits auch ins Deutsche übertragen. Morus läßt auf der entfernten Insel ein Staatswesen entstehen, das völlig anders strukturiert ist als alle damals bestehenden Staaten. Wenn man die Schilderung der Zustände auf Utopia liest, drängen sich die Vergleiche mit den Verhältnissen in den kommunistischen Ländern auf. Manches, was Morus von Utopia berichtet, wird in Rußland und China praktiziert. War Morus der erste Kommunist? Die katholische Kirche hat ihn 1886 selig- und 1935 heiliggesprochen.

Nach allem, was wir von ihm hören, ist er zeitlebens ein treuer Sohn seiner Kirche gewesen. Ursprünglich wollte er Franziskaner oder Priester werden. Als er sich zu einem weltlichen Beruf entschied, wohnte er während seines juristischen Studiums im Kartäuserkloster und beteiligte sich an den Buß- und Betübungen, soweit er es als Laie durchführen konnte. Wie ernst es ihm mit seiner Treue zur katholischen Kirche war, hat er durch seinen Tod bewiesen. Als Heinrich VIII. vom Papst nicht die Einwilligung zur Scheidung von seiner ersten Frau Katharina von Aragonien erhielt, um Anna Boleyn zu heiraten, und er die englische Kirche von Rom löste, kam es zwischen dem Lordkanzler Thomas Morus und dem König zum Konflikt. Morus weigerte sich, den Eid zu leisten, durch den der König als Oberhirt der Kirche von England anerkannt wurde. Er legte 1532 sein Kanzleramt nieder, wurde eingekerkert und 1535 auf dem Schafott hingerichtet.

Die letzten Tage seines Lebens zeugen von seiner tiefen Frömmigkeit und Kirchlichkeit. Beim Prozeß erklärte er, zu seinen Richtern gewandt: „Ich bin, sagt ihr, Verräter und Rebell gegen den König. O nein, meine Herren; Sie selbst sind es: Indem sie sich von der wahren Kirche trennen, zerstören Sie deren Einheit und den Frieden. Sie bereiten eine schreckliche Zukunft vor."[18] Vor seiner Hinrichtung forderte er die Anwesenden auf, sie sollten bezeugen, „daß er jetzt und hier in dem Glauben und für den Glauben der heiligen katholischen Kirche den Tod erleide". „Er bat ... die Umstehenden, in dieser Welt für ihn zu beten, und er wolle anderswo für sie beten. Dann bat er sie, ernstlich für den König zu beten, damit es Gott gefalle, ihm guten Rat zu geben, und beteuerte, er sterbe als des Königs guter Diener, aber zuerst als Diener Gottes."[19]

Auf dem Hintergrund dieser biographischen Zeugnisse ist es interessant zu erfahren, was Morus über die religiösen Verhältnisse auf Utopia zu berichten weiß. In Utopia herrscht Religionsfreiheit, alle Religionen und Kulte sind zugelassen[20]. Als die Utopier von der Lehre Christi hörten, waren sie davon so tief beeindruckt, daß sie sofort den christlichen Glauben annahmen, insonderheit auch deshalb, weil Christus gegen Privatbesitz war und sich für Gütergemeinschaft eingesetzt hatte. Diese wird, wie Morus sagt, in den echtesten Kreisen der Christen tatsächlich auch ausgeführt (S. 98). Kommunismus, wie er in Utopia praktiziert wird, und wahres Christentum sind für Morus dasselbe. In seinem Protest gegen die Todesstrafe wegen Diebstahls bezweifelt er, „daß

Gott unter dem neuen Gesetz der Gnade, mit dem er als Vater uns, seine Kinder, regiert, uns größere Freiheit gegeben hat, gegeneinander zu wüten", als sie im erbarmungslosen und harten Gesetz des Mose zu finden ist (S. 22). Er kritisiert die politischen und sozialen Verhältnisse in Europa, weil sie der Lehre Christi nicht entsprechen (S. 37). Für die Gedanken seiner Utopie beruft er sich auf „die Autorität Christi, unseres Heilandes, der in seiner tiefen Weisheit wohl wissen mußte, was das Beste sei, und in seiner Güte nur das anraten konnte, was er als das Beste erkannt hatte" (S. 112).

Francis Bacon, Politiker und Philosoph, lebte hundert Jahre später als Morus. Als er 1626 starb, hinterließ er als Fragment die Schrift „Neu-Atlantis", die sein Beichtvater und Testamentsvollstrecker ein Jahr nach seinem Tode veröffentlichte[21]. In diesem utopischen Entwurf spielt das Christentum mit Priestern und Gebeten keine geringe Rolle. Die Bewohner der Insel Bensalem sind ein christliches Volk. Zwanzig Jahre nach der Himmelfahrt Christi sind ihnen durch eine Lichtsäule auf der See die kanonischen Bücher des Alten und des Neuen Testaments vollständig übergeben worden, „sogar die Apokalypse und einige andere Schriften des Neuen Testaments, obwohl sie damals noch nicht geschrieben waren" (S. 64). Betreten dürfen die Insel nur Christen, nachdem sie bei Jesus und seinen Verdiensten einen Eid abgelegt haben, daß sie keine Seeräuber und Mörder sind (S. 54). Hohe Positionen in der Verwaltung des Staates sind von den Vertretern der Kirche besetzt. So ist der oberste Beamte des Gästehauses, wie er sich selbst vorstellt, „von Amts wegen der Vorsteher dieses Fremdenhauses, von Beruf ein christlicher Priester" (S. 59). Bei Familienfesten wird am Ende des Essens eine Hymne gesungen. „Den Schluß bildet immer eine Danksagung für die Geburt unseres Heilands, der allen Menschen Heil bringt. Nach dem Essen zieht sich der Tirsanus (der Vater der Familie) erneut an einen stillen Platz zurück, um dort allein für sich Gebete zu sprechen. Dann tritt er zum drittenmal ein, um seiner Nachkommenschaft ... den Segen zu geben" (S. 80).

Tommaso Campanella, ein Süditaliener, verfaßte 1602 im Kerker zu Neapel die „Civitas solis", den Sonnenstaat. Veröffentlicht wurde dieser Staatsroman aber erst viele Jahre später in Deutschland. Campanella war Dominikaner wie die großen Theologen Albertus Magnus und Thomas von Aquin. Bald machte er sich durch seine eigenwilligen Gedanken bei den Ordensoberen unbeliebt. Wie es auch um seinen Glauben bestellt gewesen sein mag, manche seiner Schriften sollten jedenfalls „zu Ehren und Nutzen der katholischen Kirche und des katholischen Glaubens" dienen[22]. Da er sich nicht nur theologisch-philosophisch, sondern auch politisch betätigte und eine Verschwörung von Geistlichen und Mönchen gegen die spanische Herrschaft in Neapel anzettelte, wurde er verhaftet. Siebenundzwanzig Jahre seines Lebens hat er in mehr als fünfzig Gefängnissen zugebracht. Im Gefängnis ist auch der Sonnenstaat entstanden.

Was Campanella erstrebte, ist ein christlich-kommunistischer Staat, der unter Aufsicht eines idealen, vielseitig gebildeten Oberpriesters steht und von Beamten, die ebenfalls alle Priester sind, beherrscht wird. An der Spitze steht der Priesterfürst Metaphysicus, in dessen Hand alle weltliche und geistliche Macht ruht. Ihm unterstehen drei Fürsten, die ihn bei der Ausübung der Regierungsgeschäfte unterstützen. Der erste Fürst, der für alle Kriegsangelegenheiten verantwortlich ist, heißt die „Macht". Der zweite Fürst ist die „Weisheit", dem die Wissenschaft, die Schulen und die Kunst unterstehen. Der dritte Fürst ist die „Liebe", der sich um das leibliche Wohl der Bürger, insbesondere um die richtige Fortpflanzung der Staatsbürger zu kümmern hat[23]. Diese drei Priesterfürsten „Macht", „Weisheit" und „Liebe" sind ein Abbild der göttlichen Dreifaltigkeit. Sie sind das Heilmittel gegen alle Not und alles Elend in der Welt[24]. Alle Bürger sind verpflichtet, ihren Vorgesetzten ihre Sünden zu beichten. Im Unterschied zur kirchlichen Beichtpraxis gibt es aber im Sonnenstaat nicht das Beichtgeheimnis, die Vorgesetzten sind vielmehr gehalten, was sie in der Beichte gehört haben, allerdings ohne Namensnennung, den oberen Dienststellen mitzuteilen, damit man dort weiß, welche negativen Dinge sich beim Volk ereignen. In gewisser Weise ist hier vorweggenommen, was später in den totalitären Staaten als öffentliche Selbstanklage erscheint[25]. Da die oberste Behörde auf diese Weise stets gut darüber orientiert ist, welche Vergehen in der breiten Masse des Volkes am häufigsten vorkommen, ist sie imstande, entsprechende Gegenmaßnahmen zu treffen. Wenn die Triumvirn ihre eigenen Sünden und die des Volkes dem Metaphysicus gebeichtet haben, dann beichtet er selbst öffentlich am Altar des Tempels Gott alle Sünden und spricht das Volk, nachdem er es ermahnt hat, von aller Schuld frei. Daraufhin opfert er Gott (S. 153).

Wie diese kurzen Darstellungen der klassischen Utopien zeigen, haben Morus, Bacon und Campanella in ihren idealen Staatswesen Utopie und Reich Gottes irgendwie vereinigt. Obwohl man sowohl von der Utopie als auch vom Reich Gottes jeweils ganz verschiedene Auffassungen hat und obwohl man die eschatologischen Verheißungen oft als religiöse Utopien verstanden hat[26], soll doch in Folgendem versucht werden, Utopie und Reich Gottes vergleichend gegenüberzustellen.

3.

Die Utopie wird von Philosophen und Soziologen propagiert. Sie entspringt trotz ihrer oft phantastischen Ausprägung rationalen Überlegungen und rechnet mit der vernünftigen Einsicht der Mitbürger. Das Reich Gottes wird von Aposteln und Evangelisten verkündet und erwartet glaubende Annahme.

Die Utopie wendet sich, so weltfremd ihre Schilderungen auch erscheinen mögen, an die Vernunft der Menschen. Unmögliche Zielvorstellungen und klare Überlegungen stehen nicht im Widerspruch. Roger Garaudy[27] berichtet, die revolutionierenden Studenten in Paris hätten an die Wände der Sorbonne geschrieben: „Seien wir vernünftig, fordern wir das Unmögliche." Es ist geradezu das Charakteristikum eines guten Utopisten, daß er die Wirklichkeit, die sich seinen Plänen radikal widersetzt, in ihrer ganzen Nacktheit mit klarem Blick erfaßt und sie dann, obwohl es unmöglich erscheint, umzugestalten sucht[28]. Die Propagandisten der Utopie sind nicht irgendwelche schwärmerischen Phantasten, sondern Philosophen und Soziologen[29]. Die Verfasser der klassischen Utopien, Morus und Bacon, sind philosophierende Staatsmänner, und Campanella ist ein politisierender Philosoph gewesen. Während Friedrich Engels in seiner Abhandlung „Die Entwicklung des Sozialismus von der Utopie zur Wissenschaft"[30] die Utopie als reine Phantasterei abtat, weil nach Marx der Klassenkampf zwischen Bourgeoisie und Proletariat mit naturhafter Notwendigkeit die klassenlose Gesellschaft herbeiführen wird, ist für die progressiven Marxisten der Gegenwart die Utopie „Kernkategorie der vielleicht zentralen, weltanschaulich-politischen Debatte"[31]. Herbert Marcuse fordert, man müsse „die Idee eines Weges zum Sozialismus von der Wissenschaft zur Utopie und nicht, wie Engels noch glaubte, von der Utopie zur Wissenschaft ins Auge fassen"[32]. Nach Leszek Kolakowski kann die revolutionäre Linke auf Utopie gar nicht verzichten, weil sie Bestandteil ihrer Bewegung ist, während die konservative Haltung im Gegensatz dazu jede Utopie ablehnen muß, weil diese Veränderung totale Negation des vorhandenen Systems und totale Umwandlung des Bestehenden bedeutet[33].

Die Utopie entsteht weithin dadurch, daß man sich darüber Gedanken macht, wie bestehende Mißstände beseitigt werden können[34]. Trotz dieses kritischen Ansatzes ist das utopische Denken in keiner Weise nur negativ, sondern durchaus schöpferisch. Die Utopie, eine „Mischung von Rationalismus und Phantasie"[35], ein Gebilde aus phantasievollem Traum und rationaler Planung, wird von vielen als politisches Ideal begeistert aufgenommen. Der Utopist gleicht in gewisser Weise dem Erfinder. Beide beschäftigen sich zunächst nur in spielerischer Weise mit einem Problem, kommen aber dadurch doch zu gewissen Resultaten, die sie dann auch verwirklicht haben wollen. Die Utopie kann durchaus den Charakter der Wissenschaft erhalten; denn auch zur Wissenschaft gehört die Beteiligung der Phantasie. Nach Aristoteles beginnt die Wissenschaft mit dem Staunen[36]. Die neue Ordnung, die der Utopist entwirft, beruht auf einem Akt des Denkens, und sie richtet sich an denkende Menschen[37]. „Die Utopie wendet sich als auctor intellectualis an den Menschen als animal rationale. Sie richtet ihre Fragen an den homo sapiens, um den homo faber zu aktivieren."[38] Man ist davon überzeugt, daß die Menschen vernünftig sind und daß sich mit Hilfe der Vernunft alle Übel dieser Welt beseitigen lassen[39]. Wer der „vernünftigen Einsicht" folgt, sagt Morus (S. 112), wird sofort erkennen, welche Vorteile die Utopie dem Menschen bringt. Die Bürger der Utopie sind Menschen, die sich von der Vernunft leiten lassen, und weil sie vernünftig sind, tun sie alles, was der Staat von ihnen verlangt. Sie sehen ein, daß man den anderen keinen Schaden zufügen und das eigene Glücksstreben nicht zum Nachteil für die anderen ausschlagen darf. Ihre Grundeinstellung ist ein unerschütterlicher rationaler Glaube[40]. Da der Metaphysicus im Sonnenstaat ein umfassend gebildeter Mann ist, kann er große Vollmachten erhalten. Er „wird niemals grausam oder verbrecherisch oder tyrannisch sein, weil er so viel weiß" (S. 127). Man glaubt an den vernunftbegabten Menschen, der Wunder vollbringen kann. Warum soll man sich vor Wundern fürchten? fragt der marxistische Philosoph Vítězslav Gardavský. Jesus hat durch seine Wunder gezeigt, „daß radikale Eingriffe in den ‚natürlichen Ablauf der Dinge' wirklich geschehen und Wunder in der Kraft des Menschen stehen können." Durch die Tat kann der Mensch den Kausalketten eine neue Ordnung geben und die Welt zwingen, daß ihr starrer Ablauf unterbrochen, sie auf ein neues Ziel ausgerichtet und dieses Ziel auch verwirklicht wird. Der Mensch ist fähig, Wunder zu vollbringen, und diese Wunder geschehen auch[41]. Die Verkünder und die Anhänger von Utopien sind von dem starken Glauben beseelt, daß der von der Vernunft beherrschte Mensch den besten Weg für das Zusammenleben der Menschen finden wird und die Menschen aufgrund ihrer vernünftigen Einsicht diesen Weg auch gehen werden[42]. Weil diese Anschauung immer wieder in den Utopien geäußert wird, hat Karl R. Popper „den Utopismus als Resultat einer Erscheinungsform des Rationalismus" bezeichnet[43]. Allerdings revidiert er einige Seiten weiter die zuerst geäußerte Meinung: Selbst wenn der Utopismus des öfteren in rationalistischer

Verkleidung auftrete, sei er doch mehr als ein Pseudorationalismus anzusehen. Den rationalen Charakter der Utopie hat besonders Georg Picht herausgestellt. Im Gegensatz zu den romanhaften Schilderungen der Utopien in den früheren Jahrhunderten propagiert er die „aufgeklärte Utopie", die den Bereich der Träume und Visionen verlassen hat und ihre Impulse nicht mehr primär von der Phantasie, sondern von Erkenntnissen der Wissenschaft erhält. Sie „ist eine Leistung der Vernunft, die, von der produktiven Einbildungskraft geleitet, den Spielraum der Möglichkeiten entwirft, innerhalb dessen die menschliche Gesellschaft im Rahmen dieser Realitäten ihr zukünftiges Leben einrichten kann"[44]. Diese von der produktiven Einbildungskraft geleitete Vernunft gibt ein klares Bild von der Zukunft, die durch das Denken und Handeln der Menschen gestaltet werden kann. Schon Moses Hess hatte sich dagegen gewehrt, daß seine Schilderung des neuen Jerusalem ein reines Gebilde der Phantasie sei. Sie ist „die Frucht einer reifen Überlegung, und wenn es im Gewande der Poesie erscheint, so kommt dieses nur daher, weil in der dazustellenden Zeit Ideal und Wirklichkeit Eins sind; die Wirklichkeit wird ideell, weil das Ideal verwirklicht wird"[45]. Picht nennt die aufgeklärte Utopie „die antizipierte Gestalt der Zukunft selbst, also eine mögliche Realität"[46]. Er geht nicht von einem Idealbild aus, das in seiner Totalität nie verwirklicht werden kann, sondern nimmt die Ergebnisse der wissenschaftlichen Prognose auf. Durch kritische Reflektion dieser Ergebnisse werden die Entwürfe der aufgeklärten Utopie motiviert. Bei ihnen handelt es sich nicht um phantastische Zukunftsdichtungen, sondern um rationale, wissenschaftliche Überlegungen, wie man zu einer besseren Welt und zu einer besseren Lebensgestaltung gelangen kann. Man kann sie nicht als spielerische Träumereien abtun, sondern sie haben Realitätsbezug. Von den rationalen Planungen der aufgeklärten Utopie hängt es ab, unter welchen Bedingungen die Menschheit in der Zukunft leben wird, oder noch zugespitzter ausgedrückt, ob es überhaupt noch eine zukünftige Geschichte der Menschheit gibt[47].

Während die Utopie von Philosophen und Soziologen propagiert wird, sind die Verkündiger des Reiches Gottes im Neuen Testament Jesus, die Apostel und die Evangelisten. Sie haben den Auftrag und die Vollmacht, Einlaß in das künftige Gottesreich zu gewähren (Mt. 16, 19; vgl. 18, 18). Ihre Botschaft an die Menschen entspringt nicht irgendwelchen rationalen Überlegungen oder wissenschaftlichen Planungen, sondern dem Wissen um den heilsgeschichtlichen Kairos: „Die Zeit ist erfüllt, die Gottesherrschaft ist nahe" (Mk. 1, 15). Das Reich Gottes kommt nicht so, daß man es vorausberechnen und sein Erscheinen wie ein heraufziehendes Gestirn beobachten kann (Lk. 17, 20). Das Wissen um sein Kommen entspringt nicht rationalen Reflektionen und phantasievollen Spekulationen, sondern der offenbarenden Kundmachung Gottes. Als Paulus den Korinthern schreibt, daß Fleisch und Blut das Reich Gottes nicht ererben können, da teilt er ihnen ein Geheimnis mit (1. Kor. 15, 50 f.). Die Kenntnis eines göttlichen Geheimnisses gewinnt man nicht durch irgendwelche menschlichen Bemühungen, sondern es wird einem durch Offenbarung enthüllt. Da das Reich Gottes mehr als eine innerweltliche Erscheinungsform ist, kann man sein Vorhandensein nicht konstatieren. Der Spruch, daß das Reich Gottes mitten unter den Menschen ist (Lk. 17, 21), hat im Thomas-Evangelium (113) die Form: „Seine Jünger sagten zu ihm: An welchem Tage kommt das Königreich? (Jesus sprach:) Es kommt nicht in Erwartung. Man wird nicht sagen: Seht, hier! oder: Seht, dort! Das Königreich des Vaters ist vielmehr ausgebreitet über die Erde, und die Menschen sehen es nicht." Diese Andeutungen zeigen, daß das christliche Hoffen auf das Kommen des Reiches Gottes einen völlig anderen Ursprungsort hat als die Erwartung der ökonomischen, politischen Utopie.

Weil die Gottesherrschaft etwas anderes ist als die Utopie, wenden sich ihre Verkündiger auch nicht an den gesunden Menschenverstand. Sie appellieren nicht an den menschlichen Gestaltungswillen, sondern als bevollmächtigte Sprecher Gottes erwarten sie, daß das, was sie sagen, gläubig aufgenommen wird. Es ist bezeichnend, daß Mk. 1, 15 nach der Verkündigung des unmittelbar bevorstehenden Einbruchs der Gottesherrschaft in diese Welt die Aufforderung steht:

„Glaubet dem Evangelium." Wer glaubt, rechnet nicht mit menschlichen Möglichkeiten, sondern ist für Gottes Tun offen. Ohne jeden rationalen Beweis erhofft der Glaubende die Verwirklichung der Herrschaft Gottes, die neue Verhältnisse schafft. Während die Utopie in ihrem rationalen Glauben Ratio und Glauben zu einer Einheit zusammenschließt, haben bei der Erwartung des Reiches Gottes Glaube und Verstand weder positiv noch negativ etwas miteinander zu tun. Paulus schreibt den Korinthern, daß es in ihrer Gemeinde nicht viele gibt, die nach menschlichen Maßstäben als Weise angesprochen werden können. Einige sind offensichtlich auch da, die man als solche bezeichnen würde. Aber Gott hat sich gerade die erwählt, die in der Welt als töricht gelten, um die Weisen zu beschämen (1. Kor. 1, 26 f.). Glauben setzt nicht ein gewisses Erkenntnisvermögen voraus, Glauben verlangt auch nicht das Ausschalten der Vernunft, sondern Glauben ist etwas anderes als intellektuelles Konstatieren, Berechnen, Beweisen, Einsehen. Zwar spricht das Neue Testament auch von Erkenntnis, Verstehen und Wissen, aber es ist nicht ein noëtischer Vorgang, bei dem es sich um rational einsichtige, nachweisbare Tatbestände handelt, sondern ein dankbares und gehorsames Anerkennen des göttlichen Willens, so daß sich im Neuen Testament Erkennen mit Glauben und Gehorchen berührt. Das zeigt: Utopie und Reich Gottes gehören verschiedenen Bereichen an.

4.

Die Utopie entspringt der Kritik an der hoffnungslosen Gesellschaftsstruktur der Gegenwart. Die Hoffnung auf die Realisierung des Reiches Gottes kommt aus der Erkenntnis des heilsgeschichtlichen Handelns Gottes und aus der Freude über dieses Handeln.

Quellort der Utopie ist weithin die Unzufriedenheit mit den Zuständen der Gegenwart und der Sinnlosigkeit der bestehenden Gesellschaftsordnung. „Utopisch ist ein Bewußtsein, das sich mit dem es umgebenden ‚Sein' nicht im Einklang befindet."[48] Diese Welt ist nicht die beste aller Welten, sondern sie ist so schlecht organisiert, daß sie nach Umgestaltung geradezu schreit[49]. Emile M. Cioran[50] nennt das Elend „die große Hilfsmacht der Utopisten; es ist die Materie, in der er arbeitet, der Grundstoff, aus dem er seine Gedanken ernährt". Der Utopist erkennt die Krankheit der Gesellschaft, in der er lebt, er leidet unter der Unvollkommenheit der vorhandenen Staats- und Gesellschaftsordnung und empfindet die Aufgabe, „die unterdrückten Wünsche der Masse zu artikulieren und freizumachen"[51]. Er ist kein weltfremder Träumer, sondern ein unerbittlicher Realist, der erst dann seine Zukunftspläne entwirft, wenn er die politische, ökonomische und soziale Wirklichkeit mit rücksichtsloser Offenheit zur Kenntnis genommen und sich von den bisherigen Bindungen innerlich gelöst hat[52]. Seine Kritik entsteht nicht am Versagen von Personen, weil diese ihre Aufgaben nicht in nötiger Weise erfüllen. Sie richtet sich vielmehr gegen das bestehende System, das man nach Ansicht vieler Utopisten durch Abstellen von Schäden nicht reformieren kann, sondern das grundsätzlich verändert werden muß[53]. Ohne kritisches Denken kann sich keine Utopie entwickeln. Diese aus leidenschaftlicher Verneinung der gegenwärtigen Zustände kommende Kritik kann sich bis zum Haß gegen alles Bestehende steigern[54]. Auf jeden Fall ist die Konstruktion einer Utopie „immer ein Akt der Negation gegenüber der vorgefundenen Wirklichkeit, ein Verlangen, sie zu verändern"[55]. Aus der Utopie als der „Negation des Negativen"[56] und aus der positiven Gegenüberstellung kann man ein sehr genaues gesellschaftskritisches Spiegelbild der Zeit gewinnen, in der die Utopie entstanden ist[57]. So lassen sich aus der Utopie von Morus sehr klar die sozialen und wirtschaftlichen Verhältnisse des englischen Staates im sechzehnten Jahrhundert erkennen. Während der Utopist im Blick auf die Gegenwart sehr pessimistisch ist, ist er im Blick auf das in der Utopie Erträumte voll Optimismus. Mit der ganzen Kraft der Phantasie und des Willens streckt man sich nach dem Vollkommenen aus, das in der Zukunft liegt, und erwartet von ihr ein besseres Zusammenleben der Menschen. Durch Beseitigung alles Negativen, das die Gemeinschaft belastet, und durch Potenzierung des vorhandenen Brauchbaren erreicht man in der Planung optimale Verhältnisse[58]. Nicht ohne Grund hat Morus seiner Schrift den Titel gegeben: „De optimo reipublicae statu."

Wie Karl R. Popper[59] gezeigt hat, täuschen sich die Utopisten in ihrem Streben, kein Stückwerk zu schaffen, sondern die Gesellschaft als Ganzes umzugestalten. Da sich ihre Methode in der Praxis als undurchführbar erweist, müssen sie improvisieren und zur Stückwerk-Technik Zuflucht nehmen. Die Utopie bleibt ihrem Wesen nach auf die Veränderung der Gesellschaft beschränkt. Sie ist im Gegensatz zur Reich-Gottes-Erwartung durch und durch diesseitig und erdgebunden. Hier auf dieser Erde soll etwas Neues entstehen. Darum verlangt Bloch die „geo-graphische Utopie", nicht den Himmel „als garantierte Belohnungskasse für gute Taten"[60].

Die Verkündigung der Gottesherrschaft entspringt nicht einer pessimistischen Einstellung den gegenwärtigen Zuständen gegenüber. Man weiß wohl, daß die Welt böse ist (Gal. 1, 4) und es in ihr viel Ungerechtigkeit und Not gibt. Aber die missionarische Botschaft vom Reich Gottes ist nicht durch soziale Mißverhältnisse motiviert, sondern kommt aus der Erkenntnis des heilsgeschichtlichen Handelns Gottes, aus der Freude und Gewißheit, daß die Zeit erfüllt ist (Mk. 1, 15). Da die Zukunft bereits begonnen hat, kann Paulus schreiben: „Jetzt ist die angenehme Zeit, jetzt ist der Tag des Heils" (2. Kor. 6, 2). Die Wirklichkeit der neuen Welt ist nicht etwas, das nur zu erwarten und zu erstreben ist, sondern hat mit Christus bereits ihren Anfang genommen. Darum ist die Haltung des Christen weder ein jammerndes Stöhnen noch ein zürnender Haß auf die Gegenwart oder ein sich abmühendes Plagen, sondern ein lobendes Danken: „Gepriesen sei Gott, der Vater unseres Herrn Jesus Christus, der uns nach seiner großen Barmherzigkeit wiedergeboren hat zu einer lebendigen Hoffnung durch die Auferstehung Jesu Christi von den Toten, zu einem unvergänglichen und unbefleckten und unverwelklichen Erbe, das in den Himmeln aufbewahrt wird für euch, die ihr in der Kraft Gottes durch den Glauben zu der Seligkeit bewahrt werdet, welche bereitet steht, um in der Endzeit offenbar zu werden" (1. Petr. 1, 3—5). Die christliche Hoffnung entspringt nicht einem Wunschdenken, sondern hat einen festen Grund. Die Basis dieser christlichen Hoffnung ist die bereits in Christus geschehene Heilstat der Auferweckung. In dem Bericht der beratenden Kommission der Weltkirchenkonferenz von Evanston 1954, die unter dem Thema „Christus unsere Hoffnung" stand, heißt es: „Unsere Hoffnung ist nicht das Produkt unserer Wünsche, nicht die Projektion unseres Verlangens nach einer unbekannten Zukunft, sondern das Ergebnis dessen, was Gott durch geschichtliche Taten in uns gewirkt hat, vor allem durch die Tat der Auferweckung Jesu Christi von den Toten. Dieses große Geschehen macht es dem Glauben gewiß, daß Christus die Welt und alle Gewalten des Bösen, der Sünde und des Todes überwunden hat."[61] Wenn von der christlichen Hoffnung — und die Erwartung des Reiches gehört dazu — gesprochen wird, dann läßt sich diese nicht von dem Kreuz und der Auferstehung trennen. Sie geht nicht von der Unzufriedenheit mit den Verhältnissen in der Welt aus, sondern von den in dieser Welt bereits vollzogenen Heilsfakten Gottes. „Wie Christus durch die Herrlichkeit des Vaters von den Toten auferweckt wurde, so werden auch wir in einem neuen Leben wandeln" (Röm. 6, 4). So gewiß Christus auferstanden ist, so gewiß erfüllt sich die Hoffnung der Christen (Röm. 8, 11, vgl. 1. Kor. 6, 14). Als Paulus den Thessalonichern aus ganz konkretem Anlaß etwas ausführlicher über die Hoffnung schreibt, die Christen im Gegensatz zu den heidnischen Menschen erfüllt, geht er von dem Glaubenssatz aus, daß Jesus gestorben und auferstanden ist (1. Thess. 4, 14). Das ist für den Christen der sichere Grund, warum er an die Erfüllung des von ihm Gehofften glaubt.

Die christliche Hoffnung ist umfassender und tiefgreifender als die Utopie. Sie möchte mehr als Verbesserung bestehender Verhältnisse. Sie hat ein höheres Ziel. Der Fehler der Utopie ist, daß sie Vorläufiges zu Endgültigem machen will[62]. Während die Utopie die „Entfaltung der im Zusammenleben der Menschen ruhenden Möglichkeiten einer ‚rechten' Ordnung" ist, erwartet man nach Martin Buber in der Eschatologie die

„Vollendung der Schöpfung"[63]. Das ist mehr als Herstellen der besten Gesellschaftsform. Was das Christentum erhofft, geht über den sozialen Bereich weit hinaus. Es begnügt sich nicht mit dem Flickwerk menschlicher Verbesserungs- und Veränderungsversuche. Man näht nicht einen Lappen von ungewalktem, neuem Stoff auf ein altes Kleid und gießt auch nicht neuen Wein in alte Schläuche (Mk. 2, 21 f.). Was das Neue Testament über das erhoffte Kommende sagt, hat kosmische Dimensionen. Nach Paulus schaut nicht nur der Mensch nach dem Neuen und Besseren aus, sondern die gesamte Schöpfung wartet angespannt darauf, daß die Menschen anders und die Söhne Gottes offenbar werden (Röm. 8, 19). Die christliche Hoffnung ist eine totale Hoffnung, die die ganze Welt umfaßt. Aber es wäre falsch, sie spektakulär als kosmozentrisch oder existentialistisch als anthropozentrisch zu bezeichnen; denn sie ist ihrem Wesen nach christozentrisch. Sie erwartet die Vollendung der mit Christi Kommen, mit seinem Tod und seiner Auferstehung begonnenen Herrschaft Gottes. Christus ist der Anfang einer neuen Menschheit. Wenn die Menschen Söhne Gottes werden, dann erfolgt die Umwandlung der Verhältnisse.

5.

Die Utopien erstreben bessere soziale Zustände, damit es den Menschen besser geht und die Menschen besser werden. Die Verkündigung des Reiches Gottes fordert den Menschen auf, ein anderer zu werden, so daß dann auch seine Umwelt anders wird.

Bei den meisten Utopien geht es primär um die Aufhebung der sozialen Unterschiede[64], um die völlige Gleichberechtigung und die Gleichstellung aller Menschen und die Herstellung einer gerechten Lebensordnung[65]. Ursache aller Übel ist das Vorhandensein von Privateigentum, das die Menschen in die beiden Gruppen der Herrschenden und Beherrschten teilt. Die Utopie von Thomas Morus spricht das sehr deutlich aus. Auf der fernen, glücklichen Insel Utopia, auf der man die beste, ja die einzige Form eines Staates findet, der mit Recht den Anspruch auf den Namen Staat erheben darf, gibt es keinen Privatbesitz, kein Geld, keine Privilegien. „Wer anderswo vom ‚Gemeinwohl' spricht, denkt doch überall nur an seinen Privatvorteil" (S. 109). Während in Utopia alle Bürger rechtlich völlig gleich behandelt werden, handelt es sich bei den anderen Staaten um nichts anderes als um Verschwörung der Reichen gegen die Armen im Namen des Rechts, um eigene Vorteile zu erlangen. Die Reichen mißbrauchen die Armen. Sie sinnen und trachten mit allen Schlichen und Kniffen danach, wie sie sich die Arbeit der Armen so billig wie möglich erkaufen können und wie sie das, was sie auf verwerfliche Art und Weise zusammengerafft haben, ohne Furcht vor Verlust zusammenhalten können. Sobald sich die besitzende Klasse über irgend etwas einig geworden ist, hat dieses auch schon Gesetzeskraft erhalten. So entstehen auf scheinbar rechtmäßigem Wege Gesetze zum Vorteil der Reichen und zur Ausbeutung der Armen. Solange ein jeder der Herr seines Eigentums ist, kann es eine Gesundung der Gesellschaft und des Staatslebens nicht geben (S. 39). Weil es in Utopia keine mißgünstige Güterverteilung gibt, kennt man dort auch keine Armen und Bettler. „Obschon keiner etwas besitzt, sind doch alle reich" (S. 109). Schuld an allem Bösen in der Welt ist das Streben nach Besitz und Reichtum. Fallen die Möglichkeiten, sie zu erringen, weg, dann verändert sich das Verhalten der Menschen grundlegend. Welche Saat von Verbrechen ist mit der Wurzel ausgerottet, seit dort mit dem Gebrauch des Geldes zugleich die Geldgier gänzlich beseitigt ist! Morus führt einen regelrechten Lasterkatalog auf, der mit der Abschaffung des Privateigentums wegfällt: Betrug, Diebstahl, Raub, Streit, Aufruhr, Zank, Aufstand, Mord, Verrat und Giftmischerei sind in demselben Augenblick verschwunden, wenn man das Geld beseitigt hat, ebenso Furcht, Kummer, Sorgen, Plagen und Nachtwachen (S. 111). Die Gleichheit aller ist in Utopia bis in Einzelheiten der Lebensgestaltung streng durchgeführt. Jeder Utopier, ganz gleich welchen Geschlechts, ist zum Kriegsdienst und zur Arbeit in der Landwirtschaft verpflichtet. Obwohl man den

Krieg grundsätzlich ablehnt, wird er sich um der Menschlichkeit willen nicht immer vermeiden lassen. Darum muß man gerüstet sein. An besonders dafür festgesetzten Tagen werden für alle Bewohner der Insel, für Männer wie für Frauen, militärische Übungen durchgeführt (S. 88). Die Landwirtschaft um die vierundfünfzig Städte der Insel Utopia wird gemeinschaftlich bestellt. Zu jeder — man möchte fast sagen — Kolchose gehören vierzig Mitglieder, Männer und Frauen, die für zwei Jahre aus der Stadt auf das Land ziehen, um die Felder zu bestellen und das Vieh zu versorgen. In jedem Jahr kehrt die Hälfte der Belegschaft wieder in die Stadt zurück, und neue Mitarbeiter kommen heraus, die durch die Zurückgebliebenen, die bereits ein Jahr in der Landwirtschaft Tätigen in die Arbeit eingeführt werden (S. 43 f.). Geld, Besitz, persönliches Eigentum braucht man in Utopia nicht. Man wohnt in Häusern, die der Allgemeinheit gehören. Damit durch die Dauer der Benutzung sich nicht irgendein Anspruch auf einen Dauerbesitz herausbilden kann, werden die Häuser alle zehn Jahre neu verlost (S. 47). Alles, was man zum Lebensunterhalt braucht, erhält man unentgeltlich. Da von wenigen Ausnahmen abgesehen in Utopia alle Bürger, Männer wie Frauen, arbeiten, durch diese allgemeine Arbeit alles im Überfluß da ist (S. 51 f.) und keiner mehr verlangt, als er braucht, kann man jedem alles geben, was er wirklich nötig hat (S. 55). Luxusgegenstände werden weder begehrt noch hergestellt. Gold und Silber hält man für minderwertig. Man ißt und trinkt aus irdenen und gläsernen Gefäßen, die sehr schön, aber nicht kostbar sind. Aus Gold und Silber dagegen werden Nachtgeschirre und ähnliche Gegenstände angefertigt, oder diese Edelmetalle dienen dazu, einen Menschen als Verbrecher anzuzeigen. Ist jemand durch ein Vergehen ehrlos geworden, so erhält er goldene Ohrringe, an seine Finger steckt man goldene Ringe, um den Hals legt man ihm eine goldene Kette, und auf dem Kopf trägt er ein goldenes Diadem. Was sonst als Schmuck und Auszeichnung dient, wird auf Utopia als Strafe angesehen. Auf diese Weise sorgt man dafür, daß Gold und Silber in Verruf sind. Auf Utopia findet man auch Diamanten, Rubine und Perlen. Sie werden aber von den Erwachsenen nicht beachtet, sondern nur von den Kindern getragen. Sobald diese größer geworden sind, legen sie sie von selbst beiseite, wie sie es mit den Murmelsteinen und Puppen tun, weil kein Erwachsener Edelsteine trägt (S. 62 f.).

Karl Kautsky[66] hat Thomas Morus einen Kommunisten genannt. Wenn die Reichen nach Morus vom Tagesverdienst des Armen noch etwas abzwacken, so scheint Morus die marxistische Theorie von der Aneignung des Mehrwertes vorweggenommen zu haben, und wenn er von der Verschwörung der Reichen durch Erlaß von Gesetzen zum Nachteil der Armen spricht (S. 111), scheint er die Lehre vom Klassenstaat zu vertreten[67]. Auch Ernst Bloch bezeichnet die Utopie von Morus als „das erste neuere Gemälde demokratisch-kommunistischer Wunschträume". Aber er schränkt das Urteil von Kautsky ein. Die Utopie sei eine Art von „liberalem Gedenk- und Bedenkbuch des Sozialismus und Kommunismus". In ihr verbinde Morus öffentliche Freiheit und Toleranz mit Kollektivwirtschaft[68].

Viele Gedanken, die Morus und die anderen Utopisten geäußert haben, werden immer wieder propagiert. Robert Havemann beschreibt die kommunistische Gesellschaft fast mit denselben Worten, wie Thomas Morus die Verhältnisse auf Utopia darstellt: „Der Kommunismus ist der alte Traum der Menschheit von einem Gemeinwesen, in dem nicht ein Teil Rechte hat, die einem andern Teil vorenthalten sind. Er ist der Traum von einer menschlichen Welt, wo alle die gleichen Rechte und Möglichkeiten haben, wo der Mensch gut sein kann, ohne sich opfern zu müssen ... Die kommunistische Gesellschaft wird keine Diebe und Räuber kennen, weil man Reichtum und Gewinn, d. h. Reichtum und Gewinn Einzelner, weggeworfen hat ... Es wird eine Gesellschaft sein, in der alle Menschen alle Möglichkeiten des Lebens haben, nach ihren Bedürfnissen leben können und wo niemand etwas stehlen kann, weil jeder alles haben kann ... Es wird eine Gesellschaft entstehen, in der sich niemand mehr auf Kosten des andern bereichern können wird. Damit werden die sozialen Beziehungen zwischen den Menschen grundlegend gewandelt."[69] Es erhebt sich die Frage — und Havemann stellt sie auch —, ob sich das verwirklichen läßt, was in den Utopien geschildert wird, ob man individuelle Interessen und Interessen der Gemeinschaft in vollen Einklang bringen kann und eine absolute, widerspruchsfreie, moralische Gesellschaft möglich ist. Als der Bewohner von Ikarien in Etienne Cabets „Reise nach Ikarien" dem Besucher erklärt, daß sein Volk eine Nation von Brüdern sei, in der absolute Gleichheit herrsche, und der Besucher der Insel dagegen einwendet, daß das doch nicht der Natur entspreche, die den Menschen fast niemals die gleichen körperlichen und geistigen Eigenschaften verleihe, heißt es: „Aber hat nicht dieselbe Natur jeden Menschen mit dem gleichen Wunsch erfüllt, glücklich zu sein? Hat sie nicht allen das gleiche Recht auf Existenz und Glück gegeben, dieselbe Sehnsucht nach Gleichheit? Hat sie ihnen nicht Geist und Verstand verliehen, sich Glück, Gesellschaft und Gleichheit nach eigenen Wünschen zu schaffen?"[70]

In den Diskussionen um die Utopie geht es immer um das Verständnis des Menschen. Ist der Mensch seinem Wesen nach gut, so daß das Negative seines Verhaltens aus den Verhältnissen kommt, in denen er leben muß, oder kommt das Negative in den Verhältnissen vom Menschen, weil dieser nicht so ist, wie er sein sollte? Morus selbst erhebt Bedenken gegen die utopische Idee: „Es ist ausgeschlossen, daß alle Verhältnisse gut sind, solange nicht alle Menschen gut sind" (S. 36). Die Antwort, die er auf solche Bedenken erteilt, lautet: „Wo es noch Privatbesitz gibt, wo alle Menschen alle Werte am Maßstab des Geldes messen, da wird es kaum jemals möglich sein, eine gerechte und glückliche Politik zu treiben" (S. 38). Das „teuflische Laster", die Hoffart, die Eigensucht, die Ehrsucht, „das Haupt und der Ursprung alles Unheils", verhindert es, die glücklichen Zustände von Utopia zu schaffen. „Sie hat sich allzu tief in das Menschenherz eingefressen, als daß sie sich ohne weiteres wieder herausreißen ließe" (S. 112). Den Bürgern von Utopia ist es gelungen, eine neue Staatsform zu schaffen, und damit haben „sie im Inneren des Staates die Wurzeln des Ehrgeizes und der Parteisucht mitsamt den übrigen Lastern ausgerottet" (S. 113).

Interessant ist, daß die Griechen, wie z. B. Hesiod, bei ihren Zukunftsentwürfen sehr eindeutig die Änderung des Menschen forderten. Ob ein Mensch glücklich oder unglücklich ist, liegt nicht an der Institution, sondern an der Gesinnung des Menschen. Aristoteles betont, daß nicht das Privateigentum die Wurzel alles Übels ist, sondern die Begierde des Menschen. Die Störung des Gemeinschaftslebens wie Vertragsbruch, Meineid, Unterwürfigkeit gegenüber Reichen, rührt nicht vom Mangel an Eigentum her, sondern vom Mangel an Tugend[71].

Die modernen Utopisten gehen von der felsenfesten Überzeugung aus, daß die Menschen ihrem Wesen nach gut sind und durch die Verhältnisse in ihrem Handeln negativ bestimmt werden. Ist die Ordnung gerecht, so handelt der Mensch dementsprechend; taugt die Ordnung nichts, dann kann auch der einzelne nicht gerecht sein. Es tritt bei ihm eine Entfremdung ein, so daß er nicht zu sich selbst kommen kann. Der Mensch ist in seinem Denken und Handeln das Produkt seiner Umwelt. Sobald neue Daseinsbedingungen eintreten, ändern sich auch die Menschen. Das jeweilige System der Gesellschaftsordnung beeinflußt den Menschen bis in seinen innersten Daseinskern[72]. Tolstoi vergleicht in seinem Roman „Die Auferstehung" die Menschen mit Flüssen, die mit Wasser gefüllt sind, das grundsätzlich überall gleich ist, aber an manchen Stellen ist es klar, an anderen trüb, an manchen Stellen fließt es schneller, an anderen langsamer. So ist es auch mit dem Menschen in der Gesellschaft bestellt. Die Umstände sind schuld, daß das Wasser warm oder kalt, trübe oder klar ist, schnell oder langsam fließt. Grundsätzlich trägt jeder Mensch alle Keime menschlicher Eigenschaften in sich. Daß bei dem einen die einen, bei dem anderen die anderen zum Durchbruch kommen, liegt allein an den Verhältnissen, in denen er leben muß.

Dasselbe sagt Havemann über den Menschen. Er ist ein neutrales Wesen. Wenn er gut oder böse wird, so kommt das aus dem gesellschaftlichen Leben. Das soziale und moralische Verhalten des Menschen ist durch die sozialen Umstände, in denen er leben muß, bestimmt. „Solange Menschen ausgebeutet, unterdrückt und ihrer Freiheit beraubt werden, solange sie an der freien Entfaltung ihrer Persönlichkeit gehindert werden, ... werden aus dieser Beschränkung und

Beeinträchtigung der menschlichen Würde immer Motive zu Handlungen gegen die Gesellschaft hervorgehen... Der Mensch versucht, sich aus der Bedrängnis, in die das gesellschaftliche Leben ihn bringt, auf irgendeine Weise herauszuwinden... Er versucht sich in die Lage derer zu bringen, die in dieser Gesellschaft herrschend sind. Das Streben nach Herrschaft in einer Gesellschaft, in der Menschen von Menschen beherrscht werden, ist die Quelle alles Unmoralischen, das aus der Unmoral der gesellschaftlichen Zustände hervorgeht."[73]

Vom Aggressionstrieb des Menschen wollen die Utopisten nichts wissen. Es ist ihr Urglaube, daß bei einem angemessenen Wohlstand aller Bürger die Selbstsucht verschwindet, die das störende Grundübel alles Zusammenlebens ist. Wenn die Klassenunterschiede beseitigt sind und alle Menschen die gleichen Rechte erhalten haben, wenn die Menschen einen ihrer würdigen sozialen und politischen Status bekommen haben, dann entsteht bei ihnen eine neue ethische Haltung. Julien Freund schreibt: „Utopie ist säkularisierter Glaube an die Engel."[74] In der Utopie gibt es keine Kriminalität mehr, weil es keinen Privatbesitz gibt. Haß, Eifersucht, Unterdrükkung, Kampf aller gegen alle hören auf. „Sie leben so wahrhaft glücklich, daß die Nachkommen unseres früheren Adels stolz darauf sind, den Titel Schlosser, Buchdrucker usw. anstelle von Herzog oder Marquis zu tragen."[75]

Es gab und gibt Richtungen in der Theologie, die das Reich Gottes ganz ähnlich verstehen wie die geschilderten Utopien. Im vorigen Jahrhundert wurde das Reich Gottes als eine Gemeinschaftsform angesehen, die sich mit dem Kommen Jesu in der Welt etabliert hat und deren ethische Grundsätze die ganze Welt durchsetzen und umgestalten. So hatte das Reich Gottes eine starke ethische Bedeutung. Zu den Grundthesen des „Social Gospel" gehört die Anschauung, daß die Menschen von ihrer gesellschaftlichen Umwelt geprägt werden und daß deshalb durch Veränderung der gesellschaftlichen Strukturen bessere Lebensbedingungen geschaffen werden müssen. Um das erstrebte Reich Gottes zu verwirklichen, müsse der Mensch mit Gott zusammenarbeiten[76]. Eine solche

Lehre vom Reich Gottes bot und bietet auch heute noch die Möglichkeit, moderne soziale Forderungen im Namen des Christentums zu propagieren.

Nun besteht kein Zweifel, daß die Umwelt den Menschen prägt. Sowohl materielle Not wie Besitz können das Verhalten des Menschen bestimmen. Es ist nur die Frage, was das Primäre und das Entscheidende ist: der Mensch oder die Verhältnisse. Der Utopist ist von dem Gutsein des Menschen überzeugt und gibt die Schuld den Verhältnissen, in denen die Menschen leben müssen. Aber Ursache der Kriminalität sind nicht primär die Verhältnisse, der Reichtum des einen und die Armut des anderen — sie können Anlaß zu Übergriffen sein —, die Wurzel des Übels steckt nicht in den Bedingungen der Umwelt, sondern in dem Menschen selbst. Nicht die Verhältnisse bestimmen den Menschen in seinem Handeln, sondern der Mensch bestimmt die Verhältnisse, in denen man leben muß. Während die Utopie glaubt, daß das individuelle Glücksverlangen durch die Änderung der Gesellschaft in ein kollektives System im Vollmaß erfüllt wird, erhofft man im Neuen Testament durch die Veränderung des einzelnen die Verbesserung der Verhältnisse der Gesamtheit. Sören Kierkegaard führt in „Der Liebe Tun" aus: „Es ist die göttliche Absicht des Christentums, in Vertraulichkeit zu jedem Menschen zu sagen: Müh dich nicht ab, die Gestalt der Welt oder deine Lebensbedingungen zu verändern ... Eigne dir das Christliche an, und dann wird es dir einen Punkt außerhalb der Welt zeigen, mit dessen Hilfe du Himmel und Erde bewegen wirst ... Schau, die Welt schlägt Lärm, nur um eine kleine Veränderung zu erreichen, setzt Himmel und Erde in Bewegung um ein Nichts ... das Christentum wirkt in aller Stille die Veränderung der Unendlichkeit, als sei es nichts."[77]

Der Sinn der Sendung Jesu besteht nicht darin, die gesellschaftlichen Strukturen zu verändern. Es wird im Neuen Testament nirgendwo der Versuch gemacht, das kommende Gottesreich als Grundlage für eine allgemeine Weltverbesserung anzusehen. Bloch stellt fest: „Die Bibel hat keine Sozialutopie ausgeführt, und sie erschöpft sich gewiß nicht in ihr oder hat darin ihren entscheidenden Wert."[78] Noch krasser kann er sagen: „Das Reich ... gilt in der Bibel nirgends als getaufte Babel, nicht einmal ... als Kirche."[79] Progressive Marxisten wie Bloch, Gardavský und Machoveč denken viel biblischer als manche progressiven Theologen. Auf die Frage, was das Reich Gottes bei Jesus bedeute, antwortet Vítězslav Gardavský: „Es wäre allzu einfach, aus den Evangelien den Aufriß einer Gesellschaftsordnung abzuleiten, in der soziale Gerechtigkeit herrscht, ein gesellschaftspolitisches Projekt, für dessen Verwirklichung Jesus stritt. Aus dieser Sicht erscheinen uns die Argumente naiv, Jesus sei ‚eigentlich' der erste Kommunist gewesen, er habe sich um soziale Gerechtigkeit bemüht."[80]

Jesus fordert nicht die Beseitigung der auch damals himmelschreienden Mißstände, er stellt kein Programm zur Lösung des Sklavenproblems auf, er propagiert nicht die Umgestaltung der Gesellschaft und die Umstrukturierung der sozialen Verhältnisse[81]. Darum verbindet er sich weder mit den sozialen Revolutionären seiner Zeit, um mit ihnen durch eine Revolution von unten das Gesicht der Welt zu verändern, noch sucht er Kontakt aufzunehmen mit der führenden Schicht des Volkes, damit diese durch Erlaß von Gesetzen und beispielhaftes Verhalten eine soziale Umschichtung vornimmt. Er wendet sich vielmehr an alle, an die kapitalistischen Zöllner wie an die armen Leute, an die frommen Pharisäer wie an die Ausgestoßenen, Lahmen und Blinden. Sie alle fordert er auf: „Tut Buße; denn das Himmelreich ist nahe herbeigekommen" (Mk. 1, 15; Mt. 4, 17). Er sieht den Sinn seiner Sendung darin, „zu suchen und selig zu machen, was verloren ist" (Lk. 19,10). Mt. 1, 21 wird bei der Namengebung Jesu programmatisch erklärt, seine Aufgabe sei, sein Volk von Sünden zu erretten. Darum verkündigt er nicht die Änderung der Strukturen, sondern die Bekehrung des Menschen. In einem ganz anderen Zusammenhang bringt Jesus deutlich zum Ausdruck, daß die Welt den Menschen nicht schlecht macht, sondern daß der Mensch schlecht ist und daraus eine Gefährdung des menschlichen Zusammenlebens entsteht. Mk. 7, 15 heißt es: „Nichts, was von außen in den Menschen hineinkommt, kann ihn verunreinigen, sondern was aus dem Menschen herauskommt, verunreinigt ihn." Es werden dann u. a. genannt: Unzucht, Diebstahl, Mord, Ehebruch, Habsucht, Bosheit, List, Ausschweifung, Neid, Lästerung, Hochmut und dergleichen mehr (Mk. 7, 21 f.), alles Verhaltensweisen, die das Zusammenleben der Menschen miteinander gefährden. Sie kommen nicht durch die Umstände, sondern aus dem Innern des Menschen. Es ist darum durchaus nicht so, daß der Mensch nur durch den Einfluß von außen schlecht wird, sondern das „Herz" des Menschen, sein innerstes Wesen, ist korrumpiert, und darum kommen aus dem Herzen die bösen Gedanken, die sich in Taten manifestieren und das Zusammenleben der Menschen miteinander erschweren oder oft sogar unmöglich machen. Sehr pointiert drückt es Heinz-Dietrich Wendland aus: „Auf die Zukunft Christi hoffen, heißt alle Utopien preisgeben, heißt wissen, daß selbst wenn die klassenlose Gesellschaft käme, sie eine Gesellschaft sündiger Menschen wäre, die weder von dem Gerichte Gottes über die Sünde noch von dem Tode je befreien könnte."[82]

Lenin hat klar gesehen, daß die Menschen, mit denen er die Revolution durchführte, nicht so waren, wie sie sein sollten. Er war nüchtern genug zu wissen, daß man den Himmel nicht auf Erden schaffen kann. Trotzdem gab er die Hoffnung nicht auf. „Die Arbeiter bauen die neue Gesellschaft auf, ohne sich selbst in neue Menschen verwandelt zu haben, die frei wären vom Schmutz der alten Welt, sie stecken noch bis zu den Knien darin. Sich von diesem Schmutz frei zu machen, ist heute noch ein Traum. Es wäre die größte Utopie zu glauben, das könnte von heute auf morgen geschehen. Das wäre eine Utopie, in der Praxis nur dazu angetan, das Reich des Sozialismus in den Himmel zu verlegen."[83]

Interessant ist die Äußerung des Wanderburschen Konowalow in der gleichnamigen Erzählung von Maxim Gorki. Als man Konowalow Pläne einer Reorganisation des Lebens vorschlägt, wird er zornig und antwortet: „Hör doch auf damit ... Es kommt nicht auf das Leben an, sondern auf den Menschen. ... Wenn man auf dich hören soll, muß der Mensch so bleiben, wie er jetzt ist, bis alles andere geändert ist. Aber so geht es nicht. Mach erst den Menschen anders, zeig ihm den Weg." Daß die äußeren Verhältnisse den Menschen nicht umgestalten, daß die Wünsche und Begierden nicht durch eine soziale Umschichtung gezügelt werden, bestätigt Solschenizyn in seiner Krebsstation: „Wir haben uns eilfertig umgestellt und dachten, es genügt, die Produktionsweise zu ändern — und dann ändern sich die Menschen. Aber der Teufel! — Kein bißchen haben sie sich geändert."[84] Zu einem ähnlichen Resultat kommt Machoveč. Die älteren Marxisten — so stellt er fest — erwarteten nach der Enteignung der Kapitalisten und der Beseitigung der Ausbeutung des Proletariats durch die herrschende Klasse ein radikal anderes Leben und einen in jeder Hinsicht edleren Menschen. Aber die erwarteten paradiesischen Zustände sind fünfzig Jahre nach einer marxistischen Revolution nicht eingetreten[85].

Utopie und Christentum unterscheiden sich dadurch voneinander, daß sie ein verschiedenes Menschenbild haben[86]. In der Bibel wird als ganz selbstverständlich angenommen, daß der Mensch böse ist. Auch die Christen werden davon nicht ausgenommen (Mt. 7, 11). Aber der böse Mensch ist nicht ein Teufel, so daß das Böse sein Element ist, vielmehr wird im Neuen Testament von diesem „bösen Menschen" als ganz selbstverständlich angenommen, daß er durchaus imstande ist, Gutes zu tun (Mt. 7, 11). Das Wissen um das Bösesein des Menschen führt nicht zu einer Verachtung des Menschen oder zur Resignation und Frustration, sondern zur klaren Erkenntnis der wirklichen Situation. In zugespitzter Form hat Karl Barth die Ansicht vertreten, daß der Mensch die erhoffte Veränderung nie herbeiführen kann, weil alles Neue, das der Mensch schafft, im Grunde gar nichts Neues ist, sondern genauso alt und veränderungsbedürftig wie das Alte ist. Dieses kehrt jeweils in veränderter, oft sogar in verstärkter Form, allerdings dann in einem neuen Gewande wieder[87]. Auch Ernst Bloch muß eingestehen: „Selbst wo sie (die Revolutionen) gelungen wären, zeigten sich in der Regel die Bedrücker mehr ausgewechselt als abgeschafft."[88] Was dem Neuwerden der Verhältnisse im Wege steht, ist der Mensch, wie er als Mensch ist. Der Mensch selbst muß erst neu werden, ehe er etwas wirklich Neues schaffen kann[89]. Der eigentliche Feind des Menschen sind nicht die Verhältnisse, die der

Mensch geschaffen hat, sondern der Mensch selbst[90]. Er bedarf der Rettung. Gut ist nur Gott (Mk. 10, 18). Der Mensch muß zu Gott zurückkehren wie der verlorene Sohn zu seinem Vater (Lk. 15, 11 ff.). Will der Mensch in das Reich Gottes eingehen, muß er durch eine neue Geburt, „von oben", neu geschaffen werden (Joh. 3, 3 ff.).

Paulus spricht nicht von der Wiedergeburt des Menschen, sondern von der Rechtfertigung des Sünders. Sie ist ohne Zweifel eine personale, auf das Individuum bezogene, anthropologische Tat Gottes[91]. Aber die Rechtfertigung des Sünders ist nicht ein innerlicher Vorgang im Menschen, sondern ein schöpferisches Handeln Gottes. Sie ist nicht nur eine Bewußtseinsänderung oder eine Selbstfindung, sondern eine radikale Umwandlung, so daß Paulus von der neuen Schöpfung spricht[92]. Der rechtfertigende Gott begnügt sich nicht mit einer neuen Gesinnung oder neuen Einstellung des Menschen, sondern er beansprucht den Menschen in seiner leib-seelischen Ganzheit. Darum gehört auch der von Gott erschaffene Leib des Menschen zum Herrschaftsbereich Gottes (1. Kor. 6, 13). Der einzelne Mensch, der gerechtfertigt wird, ist ein konkretes Stück Welt, das neu wird[93]. Nicht ohne Grund werden die Menschen im Neuen Testament als Kosmos bezeichnet. Dadurch kommt zum Ausdruck, daß der neue Mensch ein Glied des Kosmos ist[94]. Wenn Gott diesen einzelnen Menschen rechtfertigt, dann beschlagnahmt der Kosmokrator in dem Leib „das Stück Welt, das wir selber sind, für sich als legitimen Herrn der Welt"[95]. Der Mensch mit seiner Leiblichkeit ist nicht ein isoliertes Wesen, er ist nicht ein beliebiges Stück Welt, sondern der Mittelpunkt der Schöpfung Gottes. Darum hat das, was mit ihm geschieht, Konsequenzen für die ganze Welt. So hat die Rechtfertigung eine kosmische Dimension. Die Glaubenden sind als Repräsentanten der neuen Welt „die in Gottes Herrschaft zurückgeholte Welt"[96]. Nach den Aussagen der Bibel hat der Mensch durch seinen Ungehorsam gegen Gott die Ordnung der Schöpfung zerstört. Das Schicksal der Welt ist an das Verhalten des Menschen gebunden. Der Mensch als Zentrum der Schöpfung gestaltet die Welt. Soll es auf der Erde anders werden, dann muß der Mensch ein anderer werden. Wie die Welt durch die

Schuld der Menschen in Unordnung geraten ist, so daß sie unter den bestehenden Zuständen leidet, so kommt die Befreiung von den bedrückenden Zuständen durch die Hinwendung des Menschen zu Gott. Die gesamte Schöpfung wartet auf das Offenbarwerden der Söhne Gottes (Röm. 8, 19—22). Peter Stuhlmacher spricht von dem „dreifach gestaffelten Aufbruch des Christus, seines Apostels und seiner Gemeinde", der erfolgt ist, um die Welt unter die Herrschaft des kommenden Gottes heimzuholen[97]. Wenn die autonomen Menschen, die sich von Gott abgewendet haben, durch die Botschaft Jesu Christi „Söhne Gottes" werden, dann vollzieht sich zwar nicht total — die Glaubenden warten ja auch noch auf die Durchsetzung des Heils —, aber doch real eine Veränderung in dieser Welt. Diese kann nicht so bleiben, wie sie ist, wenn sich Menschen in ihr anders verhalten, als es sonst üblich ist. Wo der Ruf des Evangeliums vom gekreuzigten und auferweckten Christus erschallt und Menschen diesem Ruf in gläubigem Gehorsam folgen, da entsteht eine neue Schöpfung (2. Kor. 5, 17). Dagegen bringt eine Verbesserung der sozialen Position, ein Schichtwechsel zwischen Herrschenden und Unterdrückten dem Menschen nicht die Freiheit von sich selbst, so daß er den andern lieben kann wie sich selbst. Wo der Mensch ein anderer geworden ist, weil er mit Christus gekreuzigt und zum neuen Leben erweckt ist (Röm. 6, 3 f.), so daß er nun gar nicht mehr sich selbst lebt, sondern Christus in ihm (Gal. 2, 19 f.), da kann er gar nicht mehr nur immer an sich selbst interessiert sein[98]. Er sucht nicht mehr das Seine, sondern ist darauf bedacht, daß der andere nicht zu kurz kommt. Er schätzt den anderen höher als sich selbst[99]. Ist der Mensch von den egoistischen Bestrebungen frei, die die Welt vergiften, ist er zu Gott zurückgekehrt und hört auf die Stimme Gottes, so hat das Konsequenzen für die Einstellung sowohl zum Vorgesetzten und Untergebenen als auch zum eigenen Besitz[100]. Das neue Gebot der Christusliebe muß sich auf die Umwelt der Christen auswirken, so daß sie nicht so bleiben kann, wie sie bisher gewesen ist. Als Jesus in das Haus des Oberzöllners Zachäus eingekehrt ist, kann dieser sein auf Ausnutzung der Situation und Ausbeutung der Mitmenschen ausgerichtetes

Leben nicht mehr so weiterführen. Darum spricht er: „Siehe, Herr, die Hälfte von meinem Vermögen will ich den Armen geben, und wenn ich von jemand etwas erpreßt habe, will ich es in vierfacher Weise erstatten" (Lk. 19, 8). Ein durch Christus neu gewordener Mensch, der in den Leib Christi versetzt ist, repräsentiert in dieser Welt die neue Schöpfung, er verkörpert im Kleinen zeichenhaft die erhoffte neue Welt. Wo die Liebe wächst, verkümmert die Ungerechtigkeit und die Gewalt[101]. Die seit Ostern einsetzende eschatologische Unterwerfung der Welt und damit die Neuwerdung dieser Welt erfolgt nicht durch Umordnung der ökonomischen Strukturen, sondern dadurch, daß Gott von einzelnen Menschen Besitz ergreift und sie in den Leib Christi eingliedert. Die Totalveränderung wird durch die Konkretisierung auf die Menschen und die Punktualisierung auf das Individuum nicht ad infinitum vertagt, sondern sie geschieht jetzt und hier. Das Reich Gottes ist durchaus nicht etwas Transzendentes oder etwas nur eschatologisch noch Ausstehendes, sondern etwas durchaus Gegenwärtiges, jetzt schon Reales. Der an Christus Glaubende und durch Christus Gerechtfertigte ist nicht ein einzelner Punkt, sondern als Getaufter ist er in den Leib Christi versetzt (1. Kor. 12, 13). Überall, wo Christen im Namen Christi zusammenkommen, repräsentieren sie diesen Leib Christi, der in dieser Welt eine Gestaltwerdung des Reiches Gottes ist. Überall, wo Gemeinde Christi ist, erfolgt ein Einbruch Gottes in die Ordnung dieser Welt. Überall, wo die hörende, glaubende und bekennende Gemeinde sich konstituiert, verändert die Macht der Liebe Gottes die Machtstrukturen des Stärkeren, und neue Beziehungen der Menschen zueinander erhalten Vorrang[102].

Christen, die neue Menschen geworden sind, werden aufgefordert, alles abzulegen, was das Zusammenleben der Menschen stört und unerträglich macht: „Zorn, Groll, Schlechtigkeit, Lästerung, häßliche Worte." „Belügt einander nicht, die ihr den alten Menschen mit seinen Taten ausgezogen und den neuen angezogen habt, der zur Erkenntnis nach dem Bild seines Schöpfers erneuert wird, wo es nicht Griechen und Juden, Beschneidung und Vorhaut, Barbaren, Skythen, Sklaven und Freie gibt, sondern alles in allem Christus ist."

Christen schaffen nicht von sich aus eine neue Welt, sondern sie werden aufgefordert, sich mit dem einzulassen, der imstande ist, alles neu zu machen. Sie sollen das von ihm übernehmen, was er ihnen anbietet: „Ziehet an als die Erwählten Gottes, Heiligen und Geliebten herzliches Erbarmen, Güte, Demut, Sanftmut, Langmut, ertraget einander und verzeihet einander, wenn jemand eine Beschwerde gegen einen hat, wie der Herr euch verziehen, so auch ihr. In allem aber die Liebe, die das Band der Vollkommenheit ist" (Kol. 3, 8—14).

6.

Die Utopie schildert anschaulich, wie der vollkommene Staat aussieht. Die christliche Eschatologie vermeidet im Gegensatz zur Apokalyptik jede fixierende Konkretisierung. Sie ist an Christus als Person orientiert.

Der Utopist weiß, was er will. Darum kann er auch konkret sagen, was er will. Es ist nicht nötig, daß immer umfassende Beschreibungen der Zustände und Verhältnisse gegeben werden, wie sie Morus von Utopia, Bacon von Bensalem und Campanella von Taprobane geliefert haben. Aber selbst bei den nicht romanhaft ausgeschmückten Utopien kann man sagen, wie das Geplante und Erstrebte aussehen wird.

Auch in den apokalyptischen Entwürfen der Bibel und des Judentums werden in fast märchenhafter Weise Wunderdinge über die kommende Welt ausgesagt und umfassende Beschreibungen gegeben. Die Völker werden „ihre Schwerter zu Pflugscharen und ihre Lanzen zu Winzerstangen umschmieden. Kein Volk wird das Schwert wider das andere erheben, und nicht mehr werden sie den Krieg lernen" (Jes. 2, 4; Micha 4, 3). Die ganze Welt wird ein einziges großes Friedensreich sein: „Jeder mit Gedröhn auftretende Stiefel und mit Blut befleckte Mantel wird zum Brand, zur Speise des Feuers werden" (Jes. 9, 4). In dieses Friedensreich sind nicht nur die Menschen eingeschlossen, auch das ganze Tierreich verändert seine bisherige Natur: „Ich werde meinen

Friedensbund für sie abschließen und die gefährlichen Tiere aus dem Lande beseitigen, so daß sie in der Wüste sicher wohnen und in den Wäldern ruhig schlafen können" (Ez. 34, 25). Besonders eindrucksvoll ist das Bild, das Jes. 11 von dem kommenden, allumfassenden Friedensreich entworfen wird: „Da wird der Wolf zu Gast sein bei dem Lamm und der Panther bei den Böcken lagern. Kalb und Löwe weiden beieinander, und ein kleiner Knabe hütet sie. Kuh und Bärin werden sich befreunden, und ihre Jungen werden zusammen lagern; der Löwe wird Stroh fressen wie das Rind. Der Säugling wird an dem Loch der Otter spielen, und nach der Höhle der Natter streckt das kleine Kind die Hand aus. Nichts Böses und nichts Verderbliches wird man tun auf meinem ganzen heiligen Berg; denn das Land ist voll der Erkenntnis des Herrn" (11, 6—9).

Diese Zukunftsgedanken des Alten Testaments werden in den apokalyptischen Schriften des Judentums ausgeschmückt. Die Erde wird zehntausendfältige Frucht geben. An einem Weinstock sind tausend Reben, jede Rebe trägt tausend Trauben, jede Traube hat tausend Beeren, und eine Beere gibt vierzig Liter Wein (s. Bar. 29, 5). Die Bäume tragen täglich Früchte, so daß alles in Überfluß da ist und der Arbeit jeder Schweiß und jede Mühe genommen, Sorge und Krankheit geschwunden sind. „In jenen Tagen werden sich die Schnitter nicht abmühen und die, welche bauen, sich nicht abarbeiten; denn von selbst werden die Arbeiten weiteren Fortgang haben, samt denen, die in vieler Ruhe daran arbeiten" (s. Bar. 74, 1). Da Kinder in besonderer Weise ein Segen für die Familie sind, gebären Frauen täglich Kinder ohne Schmerzen, so daß jede Familie tausend Kinder zählt (äth. Hen. 10, 17). Es gibt kein Altern, sondern die Menschen leben in ewiger Jugend (Jub. 23, 28). Alle Naturkatastrophen, die die Menschen bedrohen, Dürre, Hungersnot, Stürme und Erdbeben, kennt man nicht (Sib. III, 744—760).

Ähnliches weiß auch die auf jüdischer Tradition beruhende Offenbarung des Johannes im Neuen Testament von der neuen Erde zu erzählen. Mitten auf der Straße des neuen Jerusalem, dessen Grundsteine in der Mauer aus Edelsteinen und dessen Tore aus zwölf Perlen bestehen (Apk. 21, 18—21), und auf beiden Seiten des Stromes steht das Holz des Lebens, das zwölfmal im Jahr Früchte trägt (Apk. 22, 1–5). In der neuen Welt wird es kein Leid und keinen Tod geben. Gott wird alle Tränen von den Augen der Menschen abwischen, und der Tod wird nicht mehr sein noch Leid, noch Geschrei, auch kein Schmerz wird mehr sein; denn die erste Erde, auf der das alles war, ist vergangen, eine neue Welt ist angebrochen (Apk. 21, 4).

Es ist bezeichnend, welche Hochschätzung die Johannes-Apokalypse bei Gardavský erfährt[103]. Bloch nennt die Darstellung des Friedens Jes. 2, 4 und Micha 4, 3 f. eine Friedensutopie und bezeichnet sie als das Urmodell der pazifizierten Internationale[104]. In der Johannes-Apokalypse des Neuen Testaments würden der neue Himmel und die neue Erde, das neue Jerusalem, ohne Mond und Sonne mit dem Menschensohn als einziger Leuchte bei stärkstem Transzendieren ganz untranszendent auf der Erde utopisiert[105].

Jesus beschreibt die Macht und die Herrlichkeit des Gottesreiches nicht anschaulich, er träumt nicht davon, wie schön es im Gottesreich sein wird. Nirgendwo erläutert er im Sinne der Apokalyptik, wie es im Gottesreich zugehen wird[106]. Wie im Alten Testament Gott nicht aus dem gesamten Bereich der Schöpfung — „weder dessen, was oben im Himmel, noch dessen, was unten auf der Erde, noch dessen, was in dem Wasser unter der Erde ist" (Ex. 20, 4) — dargestellt werden darf, weil alle Analogien in der Welt versagen und er darum menschlichem Verstehen nicht vorstellbar ist[107], so verhält sich auch mit der Anschaubarkeit des Reiches Gottes. Es bricht in diese unsere Welt herein, aber es ist mit den Verhältnissen unserer Welt nicht vergleichbar. Die alte Christenheit hat einen klaren Unterschied zwischen Reich Gottes und Welt gemacht; sie betete: „Gedenke, Herr, deiner Kirche . . . und führe sie, die geheiligte, von den vier Winden in dein Reich, das du ihr bereitet hast . . . Es komme die Gnade und vergehe diese Welt" (Did. 10, 5 f.). Reich und Welt können nicht identisch werden. Das Neue Testament vermeidet konkrete Angaben über das kommende Reich, weil jede Konkretion aus falschen Vorstellungen kommt und darum auch zu falschen Vorstellungen führt. Mt. 8, 11 heißt es zwar: „Viele werden vom Osten und Westen kommen und mit Abraham und Isaak und Jakob in der Himmelsherrschaft zu Tisch liegen" (vgl. Lk. 22, 30; Mk. 14, 25). Solche Gleichnisse und Bilder von Hochzeitsfeiern und Gastmählern versuchen, die Gemeinschaft untereinander und die Freude des zukünftigen Reiches darzustellen. Aber diese Vorstellungen sind nicht um ihrer selbst willen da, sondern es sind Hinweise, wie auch Gott im Alten Testament mit Bildern aus dieser Welt verglichen wird[108]. Diese Bilder und Gleichnisse sind auf keinen Fall reale Darstellungen der Zustände im Reiche Gottes. Nirgendwo werden phantastische Ausmalungen des Paradieses und des Zustandes des Gottesreiches bei den Synoptikern gegeben. Es geht beim Reich Gottes um Gottes Herrschaft und Gottes Macht. In einem ganz anderen Zusammenhang sagt Paulus, daß das Reich nicht in Essen und Trinken besteht, sondern in Gerechtigkeit, Friede und Freude im Heiligen Geist (Röm. 14, 17).

Auch Paulus gibt keine konkrete Schilderung eschatologischer Zustände. 1. Thess. 2, 12 schreibt er, ohne irgendwelches Ausmalen: „der uns zu seinem Reich und zu seiner Herrlichkeit berufen hat". Wiederholt betont er, daß das Objekt der eschatologischen Erwartung nicht sichtbar ist (2. Kor. 4, 17 f.; Röm. 8, 24 f.). Darum wird auch nirgendwo eine „himmlische Topographie" gegeben[109]. Die christliche Hoffnung richtet sich nicht primär auf irgendwelche Verbesserung der Zustände, sondern sie ist personaler Art. Die Zukunfts- und Heilserwartung ist an der Person Jesu Christi orientiert. Darum haben das Neue Testament und die christliche Theologie auch den Gedanken des Reiches Gottes personal ausgedrückt.

Reich Gottes ist nicht eine noch ausstehende ideelle Gemeinschaftsform menschlichen Zusammenlebens, sondern es ist überall bereits da präsent, wo Gottes Herrschaft zum Durchbruch kommt. Mit Jesu Kommen ist das zukünftige Reich angebrochen. Indem Jesus predigt und heilt, ist das Reich da (Mk. 1, 14 f.; Lk. 11, 20; 17, 21), und es ist nur da, wo Jesus Christus ist. Unabhängig von ihm, isoliert von ihm gibt es kein Reich Gottes. Weil Jesus sich dem Willen Gottes absolut unterwirft — „nicht mein, sondern dein Wille geschehe" betet er in Gethsemane (Lk. 22, 42) —, weil die Erfüllung des göttlichen Willens sein Lebenselixier ist — „Meine Speise besteht darin, daß ich den Willen dessen tue, der mich gesandt hat" sagt er seinen Jüngern (Joh. 4, 34) —, darum ist er nicht nur der Bringer der Gottesherrschaft, der durch Wort und Tat in die Welt der dunklen Mächte der Unterdrückung und Diskriminierung, der Sünde und der Krankheit eindringt, so daß sich in seinem Wirken die Gegenwart der kommenden Gottesherrschaft zeigt, sondern er ist selbst die Manifestation der Gottesherrschaft. In ihm wird der Anbruch der Gottesherrschaft Ereignis, er ist die Gottesherrschaft in Person[110]. Die Identifizierung Jesu mit der Gottesherrschaft kommt in den Evangelien dadurch zum Ausdruck, daß in den synoptischen Texten das Wort „Gottesherrschaft" durch Aussagen über Jesus ersetzt werden kann[111]. Vollends findet sich die Gleichsetzung bzw. das Austauschen von Gottesreich und Christus bei Paulus. An die Stelle des Kommens des Reiches ist bei ihm die Parusie des Kyrios getreten. Man wartet nicht mehr auf die Realisierung des Reiches, sondern auf das Offenbarwerden Christi[112].

Als Paulus im 1. Thessalonicherbrief über die Ereignisse spricht, die mit dem Kommen des Christus zusammenhängen, gibt er keine anschauliche Beschreibung, wie der selige Zustand der mit Christus Vereinigten aussehen wird. Er schildert nicht in glühenden Farben das Tun und Treiben der Erlösten, wie es in der Apokalyptik geschieht, z. B. s. Bar. 51, 9—11: „Es wird sie auch nicht die Zeit altern lassen; denn in den (Himmels-) Höhen jener Welt werden sie wohnen und den Engeln gleichen und den Sternen vergleichbar sein. Und sie werden verwandelt werden zu allen möglichen Gestalten, die sie sich wünschen: von der Schönheit bis zur Pracht und von dem Licht bis zum Glanze der Herrlichkeit. Denn es werden vor ihnen ausgebreitet werden die weiten Räume des Paradieses, und es wird Ihnen gezeigt werden die hoheitsvolle Schönheit der lebenden Wesen, die zunächst des Thrones sind, und aller Heerscharen der Engel." Paulus beschränkt sich vielmehr auf den Satz: „und so werden wir immer mit dem Herrn sein" (1. Thess. 4, 17). Das genügt. Mehr ist nicht möglich und nicht nötig zu sagen, und mehr braucht und erwartet der Christ auch nicht, als daß er mit seinem Herrn vereint ist. Es wird keine Beschreibung des Ortes gegeben. Alle Begleitumstände sind unwichtig. Die Gemeinschaft mit Christus umfaßt alles (1. Kor. 1, 9). Die Teilhabe an seinem Leben, an seiner Herrlichkeit und seiner Herrschaft ist mit dem erwarteten Heil identisch. Das Reich ererben heißt: mit Christus sein.

In verschiedener Weise bringt Paulus dieses „Mit-sein mit Jesus Christus" zum Ausdruck. So spricht er von dem „Mitleben mit Christus" (Röm. 6, 8), und dem „Mit-verherrlichtwerden" mit ihm (Röm. 8, 17). Phil. 3, 20 f. wird dieses „Mitverherrlichtwerden" noch etwas breiter ausgeführt: Der kommende Christus wird den menschlichen Leib der Niedrigkeit umgestalten, daß er dem Leib seiner Herrlichkeit gleichgestaltet wird. Zum Mitleben und Mitverherrlichtwerden kommt das „Miterben" (Röm. 8, 17) und das „Mitherrschen" (2. Tim. 2, 12). 1. Petr. 1, 3 f. wird die lebendige, nicht enttäuschende Hoffnung der Christen etwas konkreter angedeutet. Es wird von dem unvergänglichen, unbefleckten, unverwelklichen Erbe gesprochen, das im Himmel für die Christen aufbewahrt ist. Mehr wird auch an dieser Stelle nicht von der künftigen Herrlichkeit gesagt. Will man die Hoffnung des Christen in einem Satz zusammenfassen, so kann man sagen: Sie warten auf die Offenbarung des Herrn, Jesus Christus (1. Kor. 1, 7, vgl. 1. Thess. 1, 3, 9 f.). Darum beten sie: „Maranatha" (1. Kor. 16, 22); „Amen, komm Herr Jesus" (Apk. 22, 20).

7.

Die Realisierung der Utopie erfolgt durch menschliches Planen und menschliches Handeln. Das Reich Gottes kommt, weil es das Reich Gottes ist, wenn Gott es will.

Subjekt der Utopie ist der Mensch. Er ist durch die Umgestaltung der sozialen Verhältnisse nicht nur das Ziel der Utopie, sondern durch sein Planen und Handeln ist er auch der Motor der Veränderung. Das kommt schon in den alten Beschreibungen von Francis Bacon und Campanella zum Ausdruck. Durch sinnvolle Auswertung der wissenschaftlichen Erkenntnisse und vernünftige Organisation glaubt man, ideale Zustände schaffen zu können.

Bacon schildert in seinem Werk „Neu-Atlantis"[113], wie hilfreich sich eine hochentwickelte Technik für das Leben der Menschen auswirken kann. Die Verbesserungen für das Zusammenleben der Menschen sind nicht in erster Linie ein soziales Problem, sondern eines der Technik. Durch Erforschung und Ausnutzung der Naturkräfte, durch technische Erfindungen und Rationalisierung der Produktionsmethoden kann der Arbeitsprozeß verändert werden. Die Wissenschaft darf nicht Selbstzweck sein, sondern muß dem praktischen Nutzen der Menschen dienen. In Bensalem bestehen zwischen Wissenschaft und Wirtschaft die engsten Beziehungen. Weil dort die Wissenschaft angewandte Wissenschaft ist, kann sie große wirtschaftliche Wirkungen erzielen. Der wirtschaftliche Erfolg übt nun seinerseits wieder einen positiven Einfluß auf das Verhalten der Menschen aus, so daß die Beherrschung der Natur ethische Konsequenzen hat und der Mensch besser wird[114].

Phantastisch sind die Ergebnisse, die in den großzügig angelegten Forschungsinstituten des „Hauses Salomonis" in Bensalem erzielt werden. Der Zweck dieser wissenschaftlichen Akademien ist es, die Ursachen des Naturgeschehens und die verborgenen Kräfte in der Natur zu ergründen, um so die Grenzen der menschlichen Macht zu erweitern (S. 89). Bei Bacon gibt es bereits Flugzeuge, Motorschiffe und U-Boote. „Wir ahmen auch den Vogelflug nach. Zum Fliegen haben wir den Flugorganen der Vögel ähnliche Gestelle und Hilfsmittel. Wir besitzen Schiffe und Boote, die unter Wasser fahren können, und solche, die den Stürmen des Meeres widerstehen" (S. 98). In den Fabriken werden Papier, Leinen und Gewebe aus Kunststoff hergestellt und durch Veränderung von Rohstoffen künstliche Metalle geschaffen. Auch künstliche Düngemittel, die den Boden ertragreicher machen, kennt man bereits. Aus Salzwasser wird durch Filtration Süßwasser erzeugt. „Reißende Bäche und Wasserfälle werden von uns zur Erzeugung von kräftigen Bewegungen ausgenutzt" (S. 90). In den „Häusern des Lichts" werden Scheinwerfer, Ferngläser und Mikroskope gebaut. „Wir haben auch Gläser und optische Geräte, mit denen wir kleine, winzige Körper klar und deutlich sehen: Glieder und Farbe kleiner Fliegen und Würmer, Körner und Federn in Edelsteinen, die sonst nicht sichtbar sind, und nicht zu erkennende Bestandteile des Urins und des Blutes" (S. 96).

In ganz anderer Weise geht das Planen im Sonnenstaat von Campanella vor sich. Dort ist das Leben der Menschen, abgesehen von der Astrologie, stark durch die Medizin bestimmt. Aufgrund medizinischer Erkenntnisse wird festgelegt, was man ißt und wie man sich kleidet. Besonderer Wert wird auf die Regelung des Sexuallebens gelegt, um gesunde und tüchtige Nachkommen zu erhalten. Wie ein Freund Campanellas im Verhör aussagte, hatte Campanella einen Staat gründen wollen, in dem man durch gezielte Maßnahmen bei der Zeugung nur gute Menschen schaffen werde[115]. Eine gute Veranlagung, aus der die Tugenden der Menschen kommen, erwirbt man sich nicht durch irgendwelche Bemühungen, sondern sie wird einem durch die Natur gegeben. Darum muß man auf die Fortpflanzung große Sorgfalt verwenden, damit die natürlichen Eigenschaften gefördert werden und die von Natur aus schlechten Menschen aussterben (S. 132). Im Sonnenstaat macht man sich darüber lustig, daß man in Europa auf das Züchten von Pferden und Hunden große Sorgfalt verwendet, sich aber um den Nachwuchs der Menschen überhaupt nicht kümmert, sondern ihn der Laune der einzelnen Menschen überläßt. Die Frage der Nachkommenschaft muß geplant und wissenschaftlich geordnet werden. Wie es im Sonnenstaat keinen Privatbesitz gibt, sondern alles Gemeinbesitz ist, so gibt es dort auch keine Ehe, weil die Familie der Entstehungsort der Selbstsucht ist. Es herrscht eine allgemeine Geschlechtsgemeinschaft von Männern und Frauen, die aber nicht der Freiheit des einzelnen überlassen wird, sondern strengen Regeln unterworfen ist (S. 122 f.). Durch medizinische Maßnahmen erreicht man, daß die Menschen schön und gesund sind und ein Alter bis zu zweihundert Jahren erreichen können (S. 147).

Auch in den modernen Erörterungen über Utopie wird auf menschliches Planen und Handeln größter Wert gelegt. Das kommt bei der „aufgeklärten" wie in der „konkreten" Utopie klar zum Ausdruck. Utopien sind bei diesen Entwürfen nicht Traumbilder einer schönen, unrealisierbaren Welt, nicht Projektionen unerfüllter Wünsche nach einem „Nirgendwo", sondern Darstellungen von Zuständen, die durch planmäßiges Handeln verwirklicht werden können. Nach Hans J. Krysmanski[116] ist auch der utopische Roman „die Erscheinungsform einer wirklichkeitsverändernden Denkweise". Die Utopie ist eine auf Realisierung drängende Zukunftsvision. Darum wollen die Utopisten bei ihren Darstellungen nicht beim Denken und Planen bleiben, sondern das Denken und Planen soll zum Handeln führen, das die Wirklichkeit der Umwelt verändert. Das Denken entwickelt den Inhalt des Handelns, so daß das gedachte Projekt eine Vorwegnahme der durchgeführten Verwirklichung ist[117]. Weil man von der Richtigkeit der Pläne überzeugt ist, schreitet man zu ihrer Verwirklichung, indem man das Alte beseitigt und Neues in die Wege leitet. So ist die Utopie nicht nur ein spielerisches Gedankengemälde, sondern eine treibende Kraft zur Realisierung des Gedachten[118]. Nach Picht gehört die Utopie aus diesen Gründen nicht zum Bereich der illusionären Vorstellung, sondern in „den Bereich der realisierbaren Möglichkeiten"[119]. Picht definiert Utopie direkt als „eine Antizipation des durch das Handeln zu verwirklichenden Zustandes" (S. 16). Die Vertreter solcher Zukunftsbilder verfolgen das Ziel, ihre Pläne einer gesellschaftlichen Massenbewegung zum aktualisierenden Bewußtsein zu bringen und dadurch eine kollektive Aktivität herbeizuführen, mit deren Hilfe sie die gegenwärtigen Zustände abzuändern und die Wirklichkeit mit den gedachten Zielen in Übereinstimmung zu bringen suchen. Durch zielstrebiges Tun will man mit den zur Verfügung stehenden Mitteln, sei es Rationalisierung und Reform, sei es Revolution und Machtergreifung einer Gruppe, die vorfindliche Welt verändern und eine bessere Gesellschaft erreichen. Der Utopist, der früher Pläne für die beste aller Welten entwarf, von der er bisher nur zu träumen wagte, wird jetzt „zum Generalstäbler der Menschheit, der Feldzüge für alle möglichen, für die Zukunft zu erwartenden Ereignisse aufstellt"[120].

Im Gegensatz zur Utopie ist bei der Gottesherrschaft Gott das Subjekt des Handelns. Die Realisierung des Reiches Gottes ist nicht das Ergebnis menschlicher Planung und menschlicher Bemühungen. Im vorigen Jahrhundert verstand man im Anschluß an Kants Lehre vom höchsten Gut das Reich Gottes als ein ethisches Ideal, dessen Verwirklichung Aufgabe der Christen ist. Obwohl die neutestamentliche Forschung gezeigt hat, daß diese Auffassung nicht den Aussagen des Neuen Testaments entspricht, kehren einige Theologen zu dieser These wieder zurück, allerdings mit dem Unterschied, daß an die Stelle des Kulturoptimismus des westlichen Abendlandes jetzt die Gesellschaftslehre des östlichen Marxismus getreten ist. Menschen können das Reich Gottes aber weder begründen noch es herbeiführen. Es ist auch nicht so, daß zur Verwirklichung des Reiches Gottes ein Zusammenwirken zwischen Gott und Mensch gehört, etwa der Art, daß der Mensch die Aufgabe hat, das durch das Kommen Jesu keimhaft Begonnene nun zur Vollendung zu führen. Das Reich Gottes ist nicht ein Produkt menschlicher Tätigkeit. Es bedarf zu seiner Realisierung nicht der Unterstützung durch Menschen. Seine Verwirklichung liegt ausschließlich bei Gott[121].

Gott ist der Herr seines Reiches. Er ist allein Initiator und Garant; denn es ist sein Reich, das er „bereitet" hat (Mt. 25, 34), das Christus „vermacht" (Lk. 22, 29), das „kommt" (Lk. 17, 20), das „gegeben" wird (Lk. 12, 32), dessen man „gewürdigt" wird (2. Thess. 1, 5), das man „ererbt"[122], in das man „berufen" (1. Thess. 2, 12), „versetzt" (Kol. 1, 13), „gerettet" wird (2. Tim. 4, 18). Es ist keineswegs selbstverständlich, daß der Mensch zu diesem Reich gehört[123]. Wenn es sich ereignet, dann geschieht geradezu ein Wunder der Allmacht Gottes (Mk. 10, 23—27). Man kann es sich nicht verdienen oder erringen, man kann es nur „annehmen", unreflektiert und hilflos wie ein Kind (Mk. 10, 15). Im Reiche Gottes sind die trennenden Unterschiede von Juden und Griechen, Sklaven und Freien, Mann und Frau aufgehoben (Gal. 3, 28). Diese Einheit bei doch bleibender natürlicher

Verschiedenheit ist weder durch Erziehung in einer neu strukturierten Gesellschaft noch durch irgendwelche Zwangsmaßnahmen erfolgt, sondern Gottes Wille, seine Souveränität, Macht und Herrlichkeit haben das herbeigeführt. Der entscheidende Akt bei der Realisierung der Gottesherrschaft wird nicht von Menschen vollzogen, sondern er liegt allein bei Gott.

Daß das Gottesreich ohne jedes menschliche Tun kommt, zeigt das Gleichnis von der selbstwachsenden Saat (Mk. 4, 26 ff.). Der Bauer, der die Saat ausstreut, kann das Reifen des Getreides durch kein Mittel herbeiführen. Er muß warten, bis die Zeit zur Ernte gekommen ist. Wie das Aufgehen der Saat und das Reifen der Frucht Gottes Werk ist, so erfolgt das Kommen der Gottesherrschaft durch das Wirken Gottes, ohne daß der Mensch etwas dazu beitragen kann. „Es ist bei einiger Ehrlichkeit und Ernsthaftigkeit des Nachdenkens schlechterdings nicht möglich, uns auch nur eine Utopie eines Reiches Gottes auf Erden zu machen ... All unsere Sehnsucht, aus dem verfluchten Acker den gesegneten Acker zu machen, zurückzugewinnen, scheitert daran, daß Gott selbst den Acker verflucht hat und daß er allein sein Wort zurücknehmen, die Erde wieder segnen kann."[124] Die Verwirklichung des Reiches Gottes liegt außerhalb der menschlichen Gestaltungskraft. Es ereignet sich, wenn die Stunde gekommen ist; es bricht herein, wenn man es nicht ahnt und vermutet. Den Tag und die Stunde der eschatologischen Erfüllung kennt niemand, weder die Engel im Himmel noch der Sohn (Mk. 13, 32). Der Christ wartet auf die neue Welt Gottes und betet um das Kommen des Reiches (Lk. 11, 2). Das ist der allein angemessene Beitrag, den Christen zum Kommen des Reiches Gottes leisten können.

Revolutionäre Akte, wie die Zeloten sie durchführten, vorbereitende Berechnungen, wie die Apokalyptiker sie anstellten, absoluter Gesetzesgehorsam, wie ihn die Pharisäer praktizierten, sind ungeeignete Mittel für die Realisierung des Gottesreiches (vgl. Mt. 23, 13). Solche menschlichen Anstrengungen bereiten das Kommen des Gottesreiches nicht vor, sie beschleunigen auch nicht sein Kommen, sie sind vielmehr ein Hindernis.

Dem scheint der sogenannte „Stürmerspruch" aus der Logienquelle zu widersprechen, dessen ältere Fassung Mt. 11, 12 f. bietet, während Lk. 16, 16 ihn vereinfacht und verchristlicht hat[125]. Er handelt von der Aktivität des Menschen, von seinem Einsatz im Blick auf die Gottesherrschaft. *biázomai* ist wohl kaum medial zu verstehen, als ob diese Stelle den Sinn hätte: Von Johannes dem Täufer bis zur Gegenwart bricht sich, wie die Dämonaustreibungen und andere Wundertaten zeigen, die Gottesherrschaft mit Gewalt Bahn[126]. *biázomai* ist vielmehr passiv gemeint. Dann könnte man die Stelle von der Bergpredigt her interpretieren, wo die nach Gerechtigkeit Hungernden und Dürstenden seliggepriesen (Mt. 5, 6) und die Christen aufgefordert werden, nach dem Reiche Gottes zu trachten (Mt. 6, 33). Dementsprechend würde im Stürmerspruch erklärt werden: Das Himmelreich muß man erstürmen, man muß es mit Gewalt erstreben und heilshungrig an sich reißen. Nur mit Aufbietung aller Kraft kann man es gewinnen[127]. Aber dagegen spricht, daß das Wort *biázomai* kaum in positiver Bedeutung gebraucht wird, so daß man es nicht auf das rechtmäßige Ringen nach der Gottesherrschaft anwenden kann. Der Spruch richtet sich wahrscheinlich gegen die aktiven Frommen, gegen die Zeloten und die Pharisäer, die durch gewaltsames Streben, durch ihr politisches Engagement und ihre gesetzliche Frömmigkeitsübung das Gegenteil von dem erreichen, was sie wollen. Statt die Gottesherrschaft zu beschleunigen oder sie gar zu realisieren, üben sie einen negativen Einfluß aus. Durch ihr Verhalten stehen sie dem Kommen des Reiches im Wege. Es kommt zu den Menschen, man soll wachen, bereit sein, aber man soll nicht drängen. Die ihm Gewalt antun, es gewaltsam realisieren wollen, leisten durch diese ihre Frömmigkeit seinem Kommen den größten Widerstand[128].

8.

Die Utopie relativiert das Menschsein des Menschen, sie hebt die Freiheit des einzelnen auf, weil in ihr das Kollektiv die allein bestimmende Richtschnur ist. Die Verkündigung der Botschaft vom Reich schafft den neuen Menschen.

Die Utopie, die dem Menschen das größtmögliche Glück bringen will, erreicht dieses durch eine Enthumanisierung des Menschen. Zum vollen Menschsein des Menschen gehört seine Freiheit. In der Utopie wird der Mensch aber seiner Freiheit weithin beraubt. Er entscheidet nicht über sich selbst, sondern über ihn wird autoritär entschieden. Er hat in vielen Dingen nicht mehr die Möglichkeit des Wählens, sondern es ist alles genau festgelegt. Er ist nicht mehr Person im Vollsinn des Wortes, sondern ein Rädchen in der großen Maschinerie der Gesamtheit. Der Mensch als einzelner verliert seinen Wert. Er hat sich in die Gesamtheit einzufügen, in der ihm eine persönliche Freiheit nicht zuerkannt werden kann. Durch die Beschränkung der Freiheit, die von der Autorität des Kollektivs herbeigeführt wird, wird auch das Verhältnis von Mensch zu Mensch ein anderes. Es gibt nur eine Beziehung des einzelnen zum Kollektiv, nicht aber das Gegenüber und das Zueinander von Ich und Du und die Verantwortung des einzelnen dem Mitmenschen gegenüber[129]. Der antipersonalistische Charakter eines falschen Gemeinschaftsverständnisses kommt schon in den frühen Utopien klar zum Ausdruck.

Da nach der Anschauung von Campanella — und er beruft sich dabei auf Thomas von Aquin — die Zeugung zur Erhaltung der Art dient, ist sie nicht in das Belieben des einzelnen Menschen gestellt, sondern eine Angelegenheit, die vom Staat geregelt werden muß (S. 134). Darum gibt es im Sonnenstaat strenge Regeln für das Sexualleben. Der Staat bestimmt, wann Kinder erzeugt werden und wer es tun darf. Man kann es nicht der Laune des einzelnen überlassen, sondern es muß nach den wissenschaftlichen Erkenntnissen der Zucht erfolgen. Unwürdige sind von der Zeugung auszuschließen. Eine Privatsphäre gibt es in den utopischen Staaten nicht mehr. Die Paarung hat nach eugenischen Gesichtspunkten zu erfolgen. Eine Frau darf um der Nachkommen willen erst mit dem 19. Lebensjahr Beziehungen zu einem Manne aufnehmen, ein Mann darf frühestens mit dem 21. Lebensjahr, am besten erst mit dem 27. Kinder zeugen. Wer sich solange des Beischlafs enthalten kann, wird in Versammlungen durch ehrende Lieder besonders gefeiert. Männer, die einen besonders starken Geschlechtstrieb haben, können bereits vor dem 21. Lebensjahr Erlaubnis zum Geschlechtsverkehr erhalten, um nicht auf unnatürliche Weise Befriedigung zu suchen. Damit aber aus dieser Vereinigung keine Kinder entstehen, dürfen sie nur mit unfruchtbaren und schwangeren Frauen Umgang haben. Die Erlaubnis dazu wird von dem obersten Beamten für die Fortpflanzungsangelegenheiten, dem Oberarzt, eingeholt, der dem Ministerium der Liebe untersteht. Die Durchführung überwachen ältere, für diesen Zweck besonders eingesetzte Frauen (S. 131). Die Familie, die Liebe, alles Individuelle ist ausgeschaltet, die Gesellschaft ist eine Zuchtanstalt zur Erzeugung gesunder Menschen.

Da nach Art der alten Spartaner bei den Übungen auf dem Sportplatz alle Männer und Frauen völlig nackt sind, können die inspizierenden Beamten des Ministeriums für Fortpflanzungsangelegenheiten erkennen, wer zeugungsfähig und wer zum Beischlaf ungeeignet ist und welche Männer und Frauen ihren körperlichen und geistigen Veranlagungen nach am besten zusammenpassen. Große und schöne Frauen werden nur mit großen und kräftigen Männern verbunden, dicke Frauen mit mageren Männern, schlanke Frauen mit starkleibigen Männern, intellektuelle Männer mit lebhaften, lebenskräftigen, schönen Frauen, tatkräftige, zum Jähzorn neigende Männer mit fetten, phlegmatischen Frauen, damit sie sich in erfolgreicher Weise ergänzen (S. 131 f.).

Beim Geschlechtsverkehr selbst stehen Männer und Frauen unter der Aufsicht von speziellen Beamten, die dafür zu sorgen haben, daß alle Regeln und Vorschriften befolgt werden. Drei Tage vor dem Beischlaf müssen die Beteiligten sich jeder Befleckung und jeder schlechten Tat enthalten. Sie müssen mit Gott versöhnt sein und sich ihm geweiht haben. In der betreffenden Nacht darf die geschlechtliche Vereinigung erst erfolgen, nachdem man gebadet hat, die Speise verdaut ist und man zu Gott gebetet hat. Im Schlafzimmer der Frauen stehen Bildwerke berühmter Männer, die die Frauen betrachten sollen. Danach richten sie den Blick durch das Fenster zum Himmel und bitten Gott, er möge ihnen einen tüchtigen Nachkommen schenken. Mann und Frau schlafen zunächst in getrennten Zimmern. Wenn die Stunde zum Verkehr gekommen ist, die vom Astrologen und vom Arzt als günstige zur Erzeugung von Nachkommen festgestellt ist, dann öffnet die Aufseherin die Türen, damit Mann und Frau zusammenkommen können. Der Beischlaf darf nur in jeder dritten Nacht erfolgen. Die in der Wissenschaft beschäftigten Amtspersonen müssen sich eine längere Enthaltsamkeitsperiode auferlegen, weil die starke geistige Inanspruchnahme ihre Lebensgeister schwächt und ihr mit Denken beschäftigtes Gehirn nicht mit voller Energie bei der Zeugung beteiligt ist (S. 131 f.).

Die durch staatliche Maßnahmen und Fürsorge gezeugten Kinder werden zwei Jahre an der Brust der Mutter ernährt, dann übernimmt der Staat die weitere Versorgung und Erziehung. Die Namen werden vom Metaphysicus persönlich gezielt gewählt. Sind die Kinder erwachsen, so können sie aufgrund einer besonderen Leistung noch einen Beinamen erhalten (S. 133).

In der Utopie ist die persönliche Freiheit nicht nur beim Sexualverkehr beschränkt, auch sonst kann der Mensch nicht tun und lassen, was er will. Das ganze Leben ist nach dem Grundsatz der Zweckmäßigkeit für die Gesamtheit geregelt. Der Tageslauf ist genau festgelegt. In der Utopie von Thomas Morus stehen alle Bürger morgens um vier Uhr auf. Bis zu Beginn der Arbeit ist die Zeit zur geistigen Fortbildung freigegeben. Es folgen drei Stunden Arbeit, zwei Stunden Mittagspause und dann wieder drei Stunden Arbeit. Um acht Uhr gehen alle Bewohner zu Bett und ruhen acht Stunden (S. 50). Es herrscht eine auf Vernünftigkeit basierende Ordnung. Alles ist genau festgelegt und wird pünktlich eingehalten. Arbeits-, Essens- und Ruhezeiten sind geregelt. Wer sich in Utopia ohne Urlaubsschein von seinem Wohnort entfernt, wird gewaltsam zurückgebracht; im Wiederholungsfall wird er mit Zwangsarbeit bestraft. Auch wird dem einzelnen nicht die freie Wohnungswahl überlassen. Alle zehn Jahre werden die Wohnungen neu verlost (S. 47). Um dem einzelnen die Möglichkeit der Individualisierung zu nehmen und die Gleichheit aller zu dokumentieren, tragen in Utopia alle die gleiche Kleidung. Unterschiede werden nur zwischen Männern und Frauen und zwischen Verheirateten und Unverheirateten gemacht (S. 49). Alle Kleider sind von demselben Stoff, von derselben Farbe und demselben Schnitt. Man trägt diese Uniform sehr lange, da die Felle eine Lebensdauer von sieben Jahren haben (S. 53). Modische Erscheinungen und individuelle Ausprägung gibt es nicht. Gleichheit aller bis in die Kleidung ist oberstes Prinzip. In der Utopie ist der Mensch genormt, und er muß genormt leben. Der einzelne wird seiner Individualität entkleidet. Je mehr das geschieht, desto besser kann er als lebender Teil in die große Maschinerie des Staatsgefüges eingeordnet werden. Der einzelne bedeutet gar nichts, die Gemeinschaft dagegen ist alles[130]. Schon bei Thomas Morus findet sich der Gedanke der staatlich gelenkten Euthanasie. Leidet jemand an einer unheilbaren Krankheit, dann reden Priester und Behörde dem Betreffenden zu, er solle, da er seinen Berufspflichten nicht mehr gewachsen sei und nur sich selbst und andern zur Last falle, seinem Leben ein Ende machen. Entweder soll man sich durch Fasten freiwillig von der Qual eines schmerzenreichen Lebens befreien, oder man soll gestatten, daß andere einen durch Betäubungsmittel von der Marter des Lebens erlösen. Kranke, die diesem Rat der Priester folgen, handeln rechtschaffen und fromm. Es gilt als ehrenvoll, sich in solchem Fall für den freiwilligen Tod zu entscheiden. Wer dagegen ohne vorherige Billigung sich das Leben nimmt, dem wird eine Beerdigung versagt, seine Leiche wird in den Sumpf geworfen (S. 81). Letzten Endes bestimmt also die Gemeinschaft, wie lange man in ihr leben darf. Der Staat der Utopie, der das größtmögliche Glück der Gesamtheit erstrebt, ist dem Individuum gegenüber ein Staat ohne Gnade.

In der Utopie erfolgt eine große Nivellierung. Alle Unterschiede wirken störend. Es verschwinden nicht nur die Differenzen in der Höhe der Einkommen, man versucht auch alle kulturellen und geistigen Unterschiede einzuebnen. Die Überlegenheit des einzelnen darf nicht sichtbar werden, er könnte sich sonst Macht aneignen und Macht ausüben. „Die unruhige und Unruhe stiftende autonome Persönlichkeit mit ihren Vorzügen und Fehlern wird zugunsten des anonymen, leich-

ter behandelbaren Normalmenschen unterdrückt". Weil alle
Menschen gleichgeschaltet sind, gibt es keine Kunst und keinen Luxus mehr, wie Quabbe es schildert. „Die Hotelpaläste
von Miami und Biarritz werden veröden; denn es wird nicht
mehr einer von zehntausend, sondern niemand nach Biarritz
fahren, aber dafür allerdings werden alle ein Recht auf
unentgeltliche staatliche Brausebäder haben."[131]
Der Mensch, der aktives Subjekt bei der Herbeiführung der
Utopie ist, wird in ihr zum beherrschten Objekt. Er verliert
seine Freiheit, entäußert sich der geprägten Individualität
und hat zum Mitmenschen kein persönliches Verhältnis mehr,
weil alles durch das Kollektiv geregelt ist. Durch seine Planung und Reglementierung hat der Mensch sich selbst degradiert. „Der Kollektivismus will nichts von einem lebendigen
Verhältnis von Mensch zu Mensch wissen, er kennt nur das
Verhältnis des Menschen zur Gesellschaft, zum Kollektiv, das
dann das Verhältnis von Mensch zu Mensch bestimmt. Der
Kollektivismus kennt nicht den Nächsten im evangelischen
Sinne des Wortes, er ist eine Vereinigung von Fernen. Der
Kollektivismus hat einen antipersonalistischen Charakter, er
kennt nicht den Wert der Persönlichkeit."[132]

Im Reiche Gottes kommt dem Menschen eine völlig andere
Bedeutung zu als in der Utopie. Der Mensch wird nicht ent-
humanisiert und kollektiviert, sondern es erfolgt im Reiche
Gottes erst die wahre Personalisierung des Menschen und
nach dieser Menschwerdung des Menschen die Einfügung des
neuen Menschen in eine lebendige Gemeinschaft als voll-
wertiges individuelles Glied der Gemeinschaft. Wie das Reich
Gottes durch die Menschwerdung des Gottessohnes erst möglich wurde, so kann die Menschwerdung des Menschen erst
durch die Realisierung der Gottesherrschaft erfolgen. Dadurch daß das Christentum die Rechtfertigung des Sünders
verkündigt und diese durch die Verkündigung erfolgt, kommt
die Bedeutung des Personhaften klar zum Ausdruck. Jesus
Christus, der Bringer des Gottesreiches, befreit die Menschen
von der Macht der „Dämonen" und der Sünde, so daß sie
erst durch ihn ein dem Menschsein des Menschen entsprechen-
des Leben führen können. Die Freiheit des Menschen gehört

zu den Grundgegebenheiten menschlichen Lebens. Ohne Freiheit gibt es kein volles Menschentum. Der Christ ist durch Jesu Erlösungstat zur Freiheit berufen (Gal. 5, 13). Der Ruf des Evangeliums zur Freiheit beruht also auf der Tat Jesu Christi. Er hat den Menschen frei gemacht von dem Gesetz der Sünde und des Todes (Röm. 8, 2). Was keinem Prinzip und keinem Menschen möglich war, hat Jesus Christus vollbracht. Darum ist die christliche Freiheit etwas vollkommen Neues, etwas, was vor Christus und außerhalb von Christus unbekannt ist! „Wenn der Sohn euch frei macht, dann seid ihr wahrhaft frei" (Joh. 8, 36) und „wo der Geist des Herrn ist, dort ist Freiheit" (2. Kor. 3, 17). Freiheit ist nicht der Hauptinhalt der paulinischen Botschaft, aber die Botschaft, die Paulus verkündigt, realisiert die Freiheit bei denen, die sie hören und annehmen. Nirgendwo wird die Freiheit des Christen so charakteristisch zum Ausdruck gebracht wie 1. Kor. 3, 21 ff., obwohl das Wort Freiheit dort selbst nicht gebraucht wird. Paulus sagt den Korinthern, dem Christen stehe alles zur Verfügung, weil der Christ ein freier Mensch ist, der durch nichts gezwungen werden kann. Nichts kann seine Freiheit beeinträchtigen, und niemand kann sie ihm rauben. Aber diese Proklamation der Freiheit tritt nur für den in Kraft, der Christus angehört. Seit Christus der Herr ist, können die Herrschermächte der Welt mit dem Christen nicht mehr machen, was sie wollen. Christus hat sie besiegt, und die Christen haben an der Siegesmacht Christi Anteil. Sie sind darum nicht mehr den Mächten der Welt ausgeliefert, sondern die Welt gehört fortan den Christen. Die totale Ungebundenheit und die radikale Bindung, die schrankenlose Weite christlicher Freiheit und die Ablehnung des zügellosen Libertinismus, das Sklave-sein unter Gott und das Herr-sein über alles machen die Dialektik und Paradoxie der christlichen Existenz aus. Wer ein Knecht Christi ist, ist keines anderen Menschen Knecht mehr. Dieses soll noch etwas näher ausgeführt werden.

Durch das Wirken, das Leben, Sterben und Auferstehen Jesu Christi ist den Menschen die Möglichkeit zur Teilhabe am Reiche Gottes gegeben. Die Einladung und Aufforderung dazu erfolgt durch die Botschaft der Apostel und Evangelisten. Wer dieser Botschaft folgt, löst sich aus den bisherigen Bindungen. Durch das Wort wird er als einzelner angesprochen und in die Entscheidung gestellt. Die Frage der Zugehörigkeit zu einer rassischen, politischen, geistigen oder religiösen Gemeinschaft ist durch den Anspruch des Evangeliums bedeutungslos geworden. Die Entscheidung für oder gegen Christus ist ein ganz spezieller individueller Akt, den keiner dem andern abnehmen kann. Dieser Akt ist keine kollektive Handlung, sondern eine bewußte Entscheidung der Person. Daß die Zugehörigkeit zu dem durch Christus gebrachten Reich Gottes eine Frage der Person ist, wird durch die beiden Sakramente der Taufe und des Herrenmahls sinnbildlich zum Ausdruck gebracht. Beide sagen deutlich, unmißverständlich und unausweichlich, daß die Handlungen dem Betreffenden zugute kommen, an dem sie vollzogen werden. Botschaft wie Sakrament lösen den Menschen aus der Verbundenheit seiner früheren Zugehörigkeit und machen ihn zunächst einmal zum einzelnen, zum Individuum, zur Person. Aber das ist nun das Entscheidende, daß der einzelne durch das Sakrament nicht einzelner bleibt, sondern daß gerade die beiden Sakramente den einzelnen in die Gemeinschaft einer Ganzheit einfügen. Die Kirche ist nicht eine Summierung von Individuen, sie ist erst recht nicht eine Zusammenfügung genormter Menschen in ein Kollektiv, sondern die Kirche ist ein Leib mit vielen Gliedern, von denen jedes eine wichtige Funktion ausübt. In der Taufe wird man durch den Geist in den Christusleib eingegliedert (1. Kor. 12, 13), so daß man Anteil an Christus und Gemeinschaft mit den andern Gliedern des Leibes Christi hat. Dasselbe sagt Paulus vom Herrenmahl (1. Kor. 10, 17). Christus gibt im Abendmahl Anteil an sich selbst, und wer an Christus Anteil hat, ist in den Christusleib eingegliedert.

Die Zugehörigkeit zum Christusleib hat eine dreifache Bedeutung. Einmal bringt das Neue Testament damit zum Ausdruck, daß es keine isoliert individuelle Gemeinschaft mit Christus gibt. Man kann nicht an der Gemeinde vorbei in einem Privatchristentum bei sich selbst bleiben und irgendwelche Sonderrechte für sich in Anspruch nehmen. Weil Christen beim Abendmahl von einem Brot essen und dadurch des

Christus teilhaftig werden, darum sind sie ein Leib (1. Kor. 10, 16 f.). Zerreißt durch Individualisierung die Gemeinschaft der Christen untereinander, dann tritt gleichzeitig auch eine Trennung von Christus ein. Das Leib-Christi-sein der Gemeinde schließt Individualismus und Partikularismus aus. Es bedeutet aber nicht Kollektivismus.

Die Zugehörigkeit zum Leibe Christi hebt — das ist das zweite — die trennenden Unterschiede des Geschlechts, der Klassen und der Bildung auf. Die nationalen, sozialen und religiösen Schranken, die Menschen in Gruppen einteilen und voneinander abkapseln, werden bedeutungslos: „Ihr alle, die ihr auf Christus getauft seid, habt Christus angezogen. Da ist nicht Jude noch Grieche, da ist nicht Sklave noch Freier, da ist nicht Mann und Frau; denn ihr alle seid einer in Christus Jesus" (Gal. 3, 27 f.).

Durch die Einfügung in den Christusleib werden die Gegensätze, die vor der Taufe da waren, beseitigt, allerdings nicht so, daß es überhaupt keine Verschiedenheit mehr gibt, sondern so, daß sie nicht mehr trennend wirkt. Einheit — und das ist das dritte, was bemerkenswert ist — heißt nicht Vereinheitlichung und Gleichschaltung. Um der lebendigen Einheit willen werden die Menschen, die in den Christusleib eingefügt werden, nicht normiert, sondern es wird gerade die Vielgestaltigkeit und die Mannigfaltigkeit der verschiedenen Gaben des einzelnen betont. Der einzelne wird in der Besonderheit seines Personseins nicht eingeschränkt. Sie wird gerade herausgestellt, ohne daß aber der Besonderheit des einen oder des andern nun ein hervorragender Wert beigemessen wird, so daß er dadurch vor den andern eine Sonderstellung einnimmt. Im Leibe Christi gibt es eine Gleichwertigkeit unter Beibehaltung der Verschiedenheit. Die Einheit in Christus hebt die Beziehung zum andern nicht auf, sondern vertieft sie, weil der eine auf den andern angewiesen und einer für den andern verantwortlich ist.

9.

Die Utopie hört auf, Utopie zu sein, wenn sie verwirklicht ist. Da sich dann neue Fehler zeigen, muß sie durch weitere Entwürfe ersetzt werden. Die Realisierung des Reiches Gottes erfolgt dagegen nicht in einem Entwicklungsprozeß. Wo es da ist, ist es, wenn auch nicht allen erkennbar, als unteilbares Ganzes da.

Die Utopie, die die Gegenwart kritisiert, stellt den Mißständen das in sich geschlossene Bild einer heilen Welt entgegen. Bei dieser auf die Totalität einer humanen und sozialen Welt zielenden Utopie[133] ergeben sich Schwierigkeiten rationaler und realer Art. Wenn die Utopie Negation des Negativen ist, wenn sie durch ihre Seinstranszendenz seinszerstörend wirkt, dann hört die realisierte Utopie auf, Utopie zu sein; denn in ihr ist ja das Negative überwunden, so daß sie nicht mehr Negation sein kann. Nun ist es durchaus möglich, daß die heutige Utopie morgen bereits Wirklichkeit sein kann[134]. Vieles, was in Bacons Forschungsinstituten des „Hauses Salomonis" hergestellt wurde, Flugzeuge, Motorboote, U-Boote, Mikroskope, Ausnützung der Wasserkräfte, ist heute realisiert und steht in praktischem Gebrauch. Das bedeutet aber noch lange nicht, daß das Erreichen von wesentlichen Teilen eines utopischen Programms Erfüllung der eigentlichen Utopie ist. Letzten Endes ist eine Utopie gar nicht realisierbar[135]. Es zeigt sich, daß auf der erlangten Seinsstufe neue Kritik entsteht, weil sich neue Fehler einstellen, die man vorher gar nicht gesehen hat. Darum müssen neue Pläne entworfen und neue Forderungen aufgestellt werden. So ist die Utopie einem ständigen Wandel unterworfen, sie nimmt einen prozeßhaften Charakter an; denn sie ist immer auf dem Wege zum Ganzen. Bloch spricht vom Paradox der konkreten Utopie, „daß das Utopische gerade als endlich konkretes nicht aufhört, sondern umgekehrt erst wirklich beginnt"[136]. Nach Havemann hat die vollständig moralische Gesellschaft des

Kommunismus bereits begonnen; denn mit den Ausbeutergesellschaften der vergangenen Gesellschaftsepoche ist Schluß gemacht worden. Trotzdem bleibt ihr Ziel eine Utopie, deren vollständige Wirklichkeit es niemals geben wird, sondern „immer werden wir nur auf dem Weg zu ihr sein"[137]. So gibt es nicht nur bei der christlichen Eschatologie, sondern auch bei der gesellschaftspolitischen Utopie ein „Schon jetzt" und ein „Noch nicht", wobei das Erreichte wie auch das noch Ausstehende Antriebskraft zur Verbesserung der Situation ist. Nach Havemann ist der Kommunismus „eine Epoche, deren Anbeginn wir alle erleben. Er wird eine lange Epoche mit vielen Stadien und verschiedenen Formationen sein. ... Aber die vollkommen moralische Gesellschaft, die das ideale Ziel der Entwicklung ist, wird nie verwirklicht werden. Ihr werden wir uns immer nur nähern, schrittweise, in großen und kleinen Schritten" (S. 152 f.). Polak vergleicht die Utopie, die die sich stets wandelnde Gegenwart mit der Zukunft in Übereinstimmung bringen will, mit einem Bild vom Sport: „Wie in einem voraneilenden Staffellauf dringt sie in die Zukunft, kehrt in die Gegenwart zurück, um die Fackel der nächsten wartenden Utopie zu übergeben, die nunmehr zum Start in die Zukunft anzusetzen hat."[138] Die Utopie ist also eigentlich nie erfüllt, sondern muß ständig erneuert werden. Obwohl sie durch die Forderung der totalen Änderung bestehender Verhältnisse revolutionärer Art ist, wirkt sie doch stärker fortschrittlich[139]. Die mit Erkenntnissen der gegenwärtigen Wissenschaft verbundene rationale Utopie geht bewußt Schritt für Schritt der geplanten Wirklichkeit entgegen. So gehören Utopie und fortschreitende Entwicklung aufs engste zusammen. Durch die Intensivierung des Fortschrittsgedankens erhält sie geradezu ihre Stoßkraft[140]. Helmut Schelsky stellt fest, „daß das utopische Element des Denkens zu den förderlichsten und unaufgebbarsten Grundlagen des sozialen und geistigen Fortschritts gehört"[141].

Ganz anders verhält es sich mit dem Reiche Gottes. Der immanent evolutionistische Reichsgedanke ist dem Neuen Testament fremd. Er wurde im vorigen Jahrhundert vertreten, als man vom Fortschrittsglauben der damaligen Zeit berauscht in Anlehnung an Kants Lehre vom höchsten Gut das Reich Gottes in Relation zu andern Gütern dieser Welt setzte und es als Krönung aller menschlichen Entwicklung ansah[142]. Das Reich Gottes ist nicht teilweise oder unterentwickelt da, so daß es stückweise vervollständigt werden oder in verschiedenen Graden bis zur vollen Entfaltung ausreifen muß. Wo es in Erscheinung tritt, ist es als unteilbares Ganzes da, wenn es auch von vielen nicht sogleich erkannt wird.

Die Gleichnisse von der Gottesherrschaft lassen sich nicht als biblische Belege dafür anführen, daß das Kommen des Reiches Gottes in einem Entwicklungsprozeß erfolgt. Auch wenn es so scheinen mag, sprechen die Gleichnisse von der Saat und vom Sauerteig nicht vom langsamen, aber stetigen Wachsen und Werden des Gottesreiches, das mit den Tagen Jesu und der von ihm gesammelten Jüngerschar angefangen hat, wie das Samenkorn, das man in die Erde legt, aufgeht und immer größer und stärker wird. Die Gleichnisse veranschaulichen nicht einen innerweltlichen Prozeß, der unaufhaltsam abläuft, so daß das Reich Gottes trotz aller Widerstände die ganze Welt langsam durchdringt und sie umgestaltet, wie der Sauerteig es mit der Brotmasse tut. So hat man im vorigen Jahrhundert die Gleichnisse verstanden. Nach Bernhard Weiß ist das Reich Gottes noch nicht vollständig da, aber es verwirklicht sich mit „immanenter Triebkraft" allmählich[143]. Auch Jülicher hatte in seinem großen Werk über die Gleichnisse Jesu von dem großartigen Wachstum und der gewaltigen Entwicklung des Reiches Gottes gesprochen[144]. In neuerer Zeit greift man wieder auf diese veraltete Exegese zurück, um für die Verwirklichung sozialethischer Vorstellungen durch die Kirche eine biblische Legitimation zu finden[145]. Gegen die innerweltliche Entwicklungstheorie des Reiches Gottes hat Johannes Weiß mit allem Nachdruck Stellung genommen. Er macht in seinem grundlegenden Werk „Die Predigt Jesu vom Reiche Gottes"[146] darauf aufmerksam, daß der Grundgedanke bei den Gleichnissen vom Senfkorn und dem Sauerteig „aus dem Contrast zwischen der kleinen Ursache und der großen Wirkung, zwischen dem unscheinbaren Anfang und dem überwältigend großen Erfolge" ist. Polemisch weist er darauf hin, daß Jesus seine Jünger nicht die

Bitte gelehrt hat: „Es wachse dein Reich" oder „Es vollende sich dein Reich", sondern die Jünger sollen beten: „Es komme dein Reich." Beim Kommen des Reiches gibt es keine Grade oder Stufen der Entwicklung und des Fortschrittes. Das Reich Gottes ist nicht zur Hälfte oder zu Zweidrittel verwirklicht, sondern es ist da oder es ist nicht da.

Die Gedanken von Johannes Weiß haben so unterschiedliche Forscher wie Bultmann und Jeremias aufgegriffen. Bei Bultmann kommt dieses sowohl in seinem Jesusbuch wie auch in seiner Theologie[147] klar zum Ausdruck. Über die These von der fortschreitenden Entwicklung sagt er in seinem Jesusbuch: Man trägt „den hellenistischen Entwicklungsgedanken in die Anschauung Jesu ein, wenn man die Gottesherrschaft als die Vollendung der Schöpfung bezeichnet und so gleichsam eine aufsteigende Linie vom Anfang bis zum Ende zieht. Dann wäre in der Schöpfung die Gottesherrschaft schon keimhaft angelegt, und die Gottesherrschaft wäre die Entfaltung jener Anlagen. Damit wäre ideell die Gottesherrschaft immer schon vorfindliche Gegenwart, und ihr reiner Zukunftscharakter wäre zerstört. Daran aber, daß sie nach Jesu Meinung das Wunderbare, Neue, Ganz andere gegenüber aller Gegenwart ist, kann gar kein Zweifel sein"[148]. Reich Gottes ist nicht eine Größe, die im Laufe der Geschichte Gestalt gewinnt und so fortschreitend verwirklicht wird. Es steht in keiner Relation zu den Werten dieser Erde, sondern in diametralem Gegensatz dazu; denn es ist das Heil, das allem irdischen Wesen ein Ende macht.

Mit großem Nachdruck hat Joachim Jeremias[149] gezeigt, daß es sich bei den Gleichnissen Jesu nicht um die Entwicklung von kleinen Anfängen zu großem Erfolg handelt, sondern daß es — wie Johannes Weiß gezeigt hat — Kontrastgleichnisse sind, die durch Beispiele vom unscheinbaren Beginn und gewaltigen Ende handeln und die dadurch klarzumachen suchen, daß Gott trotz geringer Anfänge und Mißerfolge sein Werk zu Ende führt und sein Reich errichtet. Die Gleichnisse verdeutlichen aber nicht den Ablauf der Geschichte, den Prozeß des Fortschreitens, sondern sie schildern die Größe des göttlichen Wunders. Wenn Gottes Stunde gekommen ist, dann führt er allen Prognosen zum Trotz seine Königsherrschaft herbei. Menschen können zur Verwirklichung so gut wie gar nichts beitragen. Gott vollendet, was er begonnen hat. Im allerkleinsten Anfang ist das allergrößte Ende bereits enthalten. Gott realisiert unaufhaltbar, was er zu tun beschlossen hat.

Mit der ihm eigenen Schärfe und Prägnanz hat Karl Barth den Gedanken der Entwicklung und des Wachstums des Reiches Gottes abgelehnt: „Wo das Reich Gottes im ‚organischen Wachsen‘ oder ehrlicher, aber noch anmaßender gesagt: im ‚Bau‘ gesehen wird, da ist's nicht das Reich Gottes, sondern der Turm zu Babel."[150] Wer Utopie als Reich Gottes ausgibt, versündigt sich gegen Gott.

Daß im Anfang das Ende bereits enthalten ist, daß Gott in seiner Allmacht trotz allen Widerstandes, den man dem Kommen seines Reiches entgegensetzt, verwirklicht, was er sich vorgenommen hat, das erkennt die Welt nicht. Nur der Glaubende weiß etwas von der Größe des Gottesreiches. Wie Jesus Christus als personifizierte Gottesherrschaft gegenwärtig, aber nicht konstatierbar, sondern verhüllt da ist, so ist auch das Gottesreich schon jetzt in dieser Welt real da, aber nicht als kosmisches Ereignis in triumphaler Macht und Herrlichkeit allen sichtbar und propagandistisch auswertbar. Das Geheimnis der Person Christi ist auch das der Gottesherrschaft. War Jesus der Verborgene, den man nur durch Offenbarung erkennt (Lk. 10, 23 f.), dann kann man auch die Verkündigung des Reiches nicht allen verständlich machen[151]. Wie Jesus in Knechtsgestalt erschienen ist, so ist auch die Gottesherrschaft noch nicht gegenwärtig „in Kraft" (Mk. 9, 1). Nur der Glaubende versteht das Geheimnis der Königsherrschaft Gottes (Mk. 4, 11). Aber es kommt die Stunde, wo die Hülle fällt, dann wird das Reich Gottes in Macht erscheinen, die gottfeindlichen Mächte werden zerstört sein, und Gott wird alles in allem sein (1. Kor. 15, 28).

10

*Die neueren Utopien von Samjatin, Huxley, Orwell und
Jens sind erfüllt von Angst vor dem Verlust der Freiheit,
sie befürchten die Beherrschung durch die Technik und die
Manipulierung des Menschen durch den Staat in der erfüllten
Utopie. Der Christ erwartet voll Freude das Kommen des
Reiches. Trotz der Lehre von der Sünde beurteilt die Bibel
den Menschen viel positiver, als es die Utopisten tun. Die
Menschen sind zur Freiheit der Söhne Gottes berufen.*

In den neueren Stellungnahmen und utopischen Entwürfen
ist der Optimismus des Fortschrittsglaubens gewichen. An die
Stelle der hoffnungsvollen Erwartung ist Kritik, Resignation,
ja zum Teil auch Angst getreten. Es gibt eine Reihe von
Stimmen, die vor Utopien warnen, weil die verwirklichte
Utopie nicht das erwartete Glücksgefühl allgemeiner Befriedigung bringen wird. Aldous Huxley stellt seinem Zukunftsroman „Schöne neue Welt" als Motto ein Wort von Nikolai
Berdjajew voran: „Utopien kommen einem viel verwirklich-
barer vor, als man früher einmal glaubte. Und wir stehen
heute vor einer auf ganz andere Weise beängstigenden Frage:
Wie sollen wir ihrer endgültigen Verwirklichung ausweichen?
. . . Utopien sind verwirklichbar. Das Leben schreitet auf sie
zu. Und vielleicht beginnt ein neues Zeitalter, ein Zeitalter,
darin die geistige und gebildete Oberschicht von Mitteln und
Wegen träumen wird, den Utopien auszuweichen und zu
einer nichtutopischen, einer weniger ,vollkommenen', aber
freieren Gesellschaftsform zurückzukehren." Noch schärfer
formulieren Emile M. Cioran[152] und Karl R. Popper[153] die
Gefahren, die aus einer Realisierung der Utopie kommen.
Der Wunsch, alle Menschen glücklich zu machen und damit
das Paradies auf Erden zu schaffen, ist das gefährlichste politische Ideal, das es gibt. Statt einer neuen Erde produziert
man die Hölle. „Die Hybris, die uns versuchen läßt, das
Himmelreich auf Erden zu verwirklichen, verführt uns dazu,

unsere gute Erde in eine Hölle zu verwandeln — eine Hölle, wie sie nur Menschen für ihre Mitmenschen verwirklichen können. Wenn wir die Welt nicht wieder ins Unglück stürzen wollen, müssen wir unsere Träume der Weltbeglückung aufgeben."[154]

Während die Utopie sich aus der Not der Gegenwart in die Zukunft rettet und im Glauben an die Güte des Menschen ein Leben des Glücks entwirft, entspringt die Gegenutopie der Angst vor einer Zukunft, in der der Mensch den Menschen mit Hilfe der politischen Organisation, der Technik und der biologischen Wissenschaft zu einem Rad in der Maschinerie der Gesellschaft macht. Die Welt der verwirklichten Utopie ist eine Welt der Macht und des Zwanges, der Unterwerfung und der Destruktion des Menschen. Die institutionalisierte Gewalt löscht alle seelischen Gefühle aus[155]. Während die Utopie dazu antreibt, das Beschriebene zu erreichen, warnt die Gegenutopie vor der zukünftigen Entwicklung. Was bereits in der Utopie von Thomas Morus zum Vorschein kam, wird in den Gegenutopien voll entfaltet: Es wird gezeigt, daß die Freiheit des Menschen, sein Personsein, der Anspruch auf Individualität nicht nur bedroht, sondern beseitigt sind. Das Einzelwesen hat sich bedingungslos der Gemeinschaft zu unterwerfen, so daß alle individuellen Züge völlig verlöschen. Jedes Streben nach Individualität wird als Verbrechen gegen die Gesamtheit gewertet und dementsprechend bestraft.

Jewgenij Samjatin, ein alter Kommunist, der sich schon als Student den Bolschewiki angeschlossen hatte, als Agitator in den Arbeitsbezirken aufgetreten war und die Meuterei des Panzerkreuzers Potemkin mit organisiert hatte, schrieb 1920 den Zukunftsroman „Wir", eine negative technische Utopie. Sie durfte in Rußland nicht erscheinen und hatte den Ausschluß Samjatins aus der Partei zur Folge. In dem perfekten Staat, in dem die Masse über den einzelnen gesiegt hat, beugen sich alle unter das „segensreiche Joch der Vernunft". Wer das „mathematisch-fehlerfreie Glück" noch nicht erkannt hat, muß zu dem glücklichen Leben gezwungen werden. Die Menschen haben in diesem Zukunftsstaat keinen Namen mehr, der ursprünglich Ausdruck ihres Wesens ist, sondern nur noch Kennzahlen, die sie wie Abzeichen mit goldenen Ziffern auf der blaugrauen Uniform an der Brust tragen. Der Tageslauf der Menschen ist genau festgelegt. Millionen stehen auf die Sekunde zur gleichen Zeit auf und führen dann gleichzeitig den Löffel mit der künstlichen Naphta-Nahrung in den Mund. Zur gleichen Sekunde beginnen sie mit der Arbeit und beenden sie auch zur gleichen Sekunde; danach gehen sie spazieren „in mustergültig ausgerichteten Viererreihen" im Takt des feierlichen Marsches, der aus sämtlichen Lautsprechern der Musikfabrik erklingt. Zur festgelegten Zeit besuchen sie die Schulungskurse und legen sich dann schlafen. Zweimal am Tag, von 16—17 und von 21—23 Uhr, werden den Bewohnern dieses „einzigen Staates" noch persönliche Stunden eingeräumt, die aber bei weiterer Vervollkommnung wegfallen sollen. Sobald die Freiheit wegfällt, begeht der Mensch keine Verbrechen. Wer sich zu einer anderen als der festgesetzten Zeit auf der Straße befindet, wird verhaftet. Da die Häuser durchsichtig sind, können die „Beschützer" jederzeit kontrollieren, ob jeder den Bestimmungen gemäß lebt. An den Geschlechtstagen erhält man gegen Vorweis eines rosa Billets die Genehmigung, in seinem Zimmer die Vorhänge herablassen zu dürfen.

In diesem Staat hat die Nummer D 503 die erste Rakete konstruiert, die Feuer und Gas ausstoßend in den Weltenraum fliegen soll. Da dieser Ingenieur sich ein Stück Seele erhalten hat, begeht er das strafwürdige Verbrechen, sich in eine Frau, die Nummer I 330, zu verlieben, die eine revolutionäre Bewegung leitet. Im Umgang mit ihr merkt D 503 mit einem Mal, daß er anders wird: „Ich war ein Einzelwesen, eine Welt, ich hatte aufgehört, eine Nummer zu sein." Die „Beschützer" beobachten, daß auch andere Bürger von der Seuche der Seele befallen werden, zu lächeln und zu seufzen beginnen. Die Ursache der Krankheit besteht darin, daß sich bei ihnen die Phantasie bemerkbar macht, was eine Hinderung auf dem Wege zum Glück ist. Durch eine dreimalige Bestrahlung eines Knotens im Gehirn, dem Zentrum der Phantasie, können die Menschen für immer von der Phantasie geheilt werden. Sämtliche Nummern werden aufgefordert, aus Sicherheitsgründen sich sofort dieser Behandlung zu unterziehen. Wer nicht erscheint, endet durch die Maschine des „Wohltäters". D 503 versäumt mit Absicht den Termin. Da man ihn als Konstrukteur braucht, wird er nicht getötet, er wird aber verhaftet und zwangsweise operiert. Nachdem durch die Operation der „Splitter Phantasie" entfernt ist, sind bei ihm alle Hemmungen beseitigt. Er geht zum „Wohltäter" und berichtet ihm alles, was er von den Feinden des Glückes weiß. I 330 und ihre Anhänger werden daraufhin liquidiert. Die Organisation in diesem Staat ist perfekt. Der Wille und das Gefühl des einzelnen sind ausgeschaltet. Der Mensch ist nicht mehr eine Person, sondern nur noch eine Nummer.

Besonders kraß tritt die Gefahr für den Menschen bei Aldous Huxley in seinem Roman „Schöne neue Welt" hervor. Auch dort sind die Menschen ihrer Freiheit beraubt, ohne daß die meisten wissen, was ihnen damit verlorengegangen ist. Einen persönlichen Widerstand gegen Personen oder Zustände gibt es nicht. Jede Spontaneität ist ausgeschlossen. Der Mensch ist ein Wesen, das dem vorgefertigten Verhaltensbewußtsein vollständig angepaßt ist, das zu einer gut funktionierenden lebendigen Maschine ohne seelische Erregung herabgewürdigt ist. Alles Denken, das über die Erfüllung der technischen Aufgaben hinausgeht, wird als Aberglaube verlacht und als unzeitgemäß abgetan.
Ehe und Familie gibt es nicht in dieser „schönen neuen Welt" des Fortschritts, wie der „Wilde" sie nennt und nach der er sich zunächst sehnt; denn sie wirken sich für die Gemeinschaft störend aus. „Vater" und „Mutter" gelten als obszöne Worte, die kein anständiger Mensch ausspricht. Die Welt voller Väter ist eine Welt voll Elend, die voller Mütter eine solche von Unnatur jeder Art, vom Sadismus bis zur Keuschheit; eine Welt voller Brüder, Schwestern, Onkeln und Tanten ist eine Welt voll Wahnsinn und Selbstmord. Geht ein Mädchen mit einem jungen Mann eine längere Zeit zusammen aus, so stört dieser Individualismus die radikal durchgeführte Vergesellschaftung des Menschen. Der Mensch wird nicht mehr gezeugt und geboren, sondern er wird industriell in den fünf

Klassen Alpha bis Epsilon nach den Bedürfnissen der Gesellschaft fabriziert und durch Tonband-Dauerberieselung für seinen Einsatz in der Gesellschaft präpariert. Durch Hypnopädie erreicht man, daß jeder mit seinem Los zufrieden ist. Die Erziehung erfolgt nicht durch den einzelnen oder die Familie, sondern durch die Gesellschaft für die Gesellschaft. Den Betakindern wird z. B. beigebracht, daß die Epsilons zum Lesen und Schreiben zu dumm sind und die Alphakinder, weil sie so schrecklich klug sind, sehr viel mehr arbeiten müssen. Darum sind die Betakinder stolz, daß sie weder ein Alpha- noch ein Epsilon-, sondern gerade ein Betakind sind. Bereits im Alter von einundeinhalb Jahren werden die Kinder auf den Tod genormt. Jedes Kind verbringt zwei Vormittage in der Woche in einer Moribundenklinik, wo sie lernen, daß Sterben wie jeder andere physiologische Vorgang als eine Selbstverständlichkeit hinzunehmen ist. An solchen Sterbetagen erhalten sie zur Erheiterung Schokoladencreme. So werden die Kinder durch technifizierte Bewußtseins- und Unbewußtseinslenkung erzogen, die Gesellschaftsform und das Leben in dieser Gesellschaftsform zu bejahen.

Die Gemeinschaft ist das Maß aller Dinge, nach ihr muß sich alles richten. In den einzelnen Gruppen gibt es keine Individualität. Uniformität ist höchstes Prinzip. Alle Eigenheiten sind zugunsten der Gemeinschaft aufzugeben. Absonderung von der Allgemeinheit und Spezialinteressen sind ein schweres Verbrechen gegen die Gemeinschaft. Empfindungen wie Liebe und Schmerz, Wahrheit und Schönheit gibt es nicht. Durch die Hypnopädie ist das Gemeinschaftsgefühl so stark entwickelt, daß die Menschen nichts begehren, was sie nicht bekommen können. Sie sind glücklich, weil sie das bekommen, was sie begehren. Geht es einem aus irgendeinem Grunde einmal nicht besonders gut, dann nimmt man das Rauschmittel Soma, durch das man in eine fröhliche Traumwelt versetzt wird. Hat man das sechzigste Lebensjahr erreicht, dann scheidet man mit Hilfe einer Überdosis Soma freiwillig und schmerzlos aus dem Leben.

Sigmund Marx ist anders. Er haßt die Menge. Er möchte er selbst sein und nicht nur ein Teilchen von etwas anderem, nicht nur „eine Zelle im sozialen Organismus". Er möchte frei und nicht mehr der Sklave seiner Normung sein. Obwohl er weiß, daß er eine Gefahr für das Ganze ist, ruft er aus: „Leidenschaft will ich kennenlernen . . . Ich will Gefühle in ihrer ganzen Macht." Es erwacht in ihm etwas „von dem berauschenden Bewußtsein seiner individuellen Bedeutung und Wirklichkeit . . . Er kam sich stark genug vor, jedes Ungemach auf sich zu nehmen und zu überwinden" — und dann klappt er doch zusammen, wirft sich vor „seiner Fordschaft" Mustafa Mannesmann, dem „Weltaufsichtsrat", auf die Knie und will alle Schuld auf die andern abwälzen.

Der Wilde, der sich so nach der „schönen neuen Welt" gesehnt hatte, ist enttäuscht. Er fordert sein Recht auf Alter, Häßlichkeit, Impotenz, Syphilis, Krebs, Hunger, Läuse, Angst und Schmerzen. Er ist bereit, dieses alles auf sich zu nehmen, wenn er frei ist, wenn er Gott, Poesie, Gefahren, Tugenden und Sünde erhalten kann. Aber so etwas gibt es in der „schönen neuen Welt" des Fortschritts nicht.

Auch Wladimir Majakovskij schildert in dem Schauspiel „Die Wanze" die Entwicklung des Menschen. Majakovskij hatte sich schon in jungen Jahren der revolutionären Bewegung angeschlossen und war verhaftet worden. Später geriet er in Gegensatz zu Lenin und schied 1930 freiwillig aus dem Leben. Es ist ungeklärt, ob die Kritik des orthodoxen Marxismus oder andere Gründe ihn zu diesem Schritt veranlaßt haben. In seinen Werken nimmt er kritisch Stellung zu vorherrschenden Meinungen. So ist in der „Wanze" der nach fünfzig Jahren Vereisung zum Leben auferweckte Arbeiter Bratfisch mit der in dieser Zeit eingetretenen unpersönlichen, enthumanisierten Entwicklung der Gesellschaft nicht zufrieden. Der Professor will ihm im Gespräch klar machen, daß man nicht so leben darf, wie es einem gefällt, wenn man ein vollberechtigtes Glied der menschlichen Gesellschaft sein will, sondern daß man sich nach dem Kollektiv richten muß. Darauf wünscht Bratfisch den Professor mitsamt seiner Gesellschaft zum Teufel. Er will leben, will lieben, fiebern mit allen Fibern, er will etwas für das Herz und die Seele. Wird es ihm nicht gewährt, dann will er lieber wieder vereist werden; denn das Leben, das man ihm auf der höheren Stufe der Gesellschaft zumutet, ist für ihn kein Leben. Als er die Annonce des Tiergartendirektors liest, der einen lebendigen Menschenleib für Insektenstiche sucht zur Erhaltung und Entwicklung eines frisch erworbenen Ungeziefers, da jubelt er auf: „Hurra, ich bin gerettet." Er will sich lieber von Wanzen malträtieren lassen als das genormte Leben im Kollektiv zu führen.

In einem zweiten Zukunftsroman, „Affe und Wesen", schildert Aldous Huxley die Menschen, die den Zweiten Weltkrieg überstanden haben, aber nach den Atombombenexplosionen völlig anders leben als vorher. Gott ist abgesetzt. „Er", Belial, hat die Macht ergriffen. Die Menschen schwören nun bei Belial. Sie machen das Zeichen der Hörner, sie „behornigen sich". Die Kirche wird geleitet von „seiner Eminenz, dem Erzvikar Belials, des Herrn der Erde, Primas von Kalifornien, Diener des Proletariats, Bischof von Hollywood". Auf seinem Kopf trägt er eine goldene, mit vier langen, spitzen Hörnern besetzte Tiara. Ein Satanologe unterweist die Kinder im „Kleinen Katechismus". Sie lernen nicht nur: „Belial hat aus reinem Wohlgefallen von Ewigkeit her alle jetzt Lebenden zu ewiger Verdammnis erkoren", sondern auch: „Das Weib ist das Gefäß des unheiligen Geistes, die Quelle aller Mißgestalt, die Feindin der Rasse, gezüchtigt von Belial, und sie beschwört seine Züchtigung auf alle herab, die in Belial ihr unterliegen." Liebe zwischen Mann und Frau ist verboten. Frauen tragen auf den Brüsten, außerdem vorne und hinten auf ihren Kleidern ein „Nein", damit sie wissen, wie sie sich verhalten sollen und die Männer gewarnt werden. Am Belialstag ist die Situation allerdings schlagartig anders. Während vorher jeder seinen Körper in völliger Keuschheit erhalten muß, ist am Belialstag und den zwei folgenden Wochen dieses Gebot aufgehoben. Dann herrscht absolute Freiheit. Der Erzvikar hält seinen Belialsdienst. Er intoniert „Sein Fluch sei mit euch" und besteigt den Thron neben dem Altar. Das Volk stürzt in das Allerheiligste. Man reißt sich die Schurze vom Leib und wirft sie auf einen Haufen vor dem Thron des Erzvikars. Für jedes „Nein" erfolgt nun ein triumphierendes „Ja", begleitet von einer unzweideutigen Geste zu der nächststehenden Person des andern Geschlechts. Nach dieser Zeit erhält jeder von dem Archimandriten für öffentliche Sittlichkeit wieder einen Schurz mit den vorgeschriebenen vier runden Flicken.

Liebe, sexueller Verkehr außerhalb dieser Zeit sind nicht erlaubt. „Hitzige" können, wenn man ihre Eigenart frühzeitig bemerkt, Priester werden. Um von allen Versuchungen befreit zu sein, müssen sie sich einer physiologischen Bekehrung unterziehen. Als Priester sind sie sofort daran zu erkennen, daß sie im Gegensatz zu den anderen bartlos sind. Wer nicht Priester wird, lebt gefährlich. Wird bekannt, daß er mit einer Frau Umgang gehabt hat, dann wird er bei lebendigem Leibe begraben. Die „Hitzigen" sind diejenigen, die man für alles verantwortlich macht, wenn etwas schief geht. Da die Kinder zwischen dem 10. und 17. 12. geboren werden, weiß man sofort, daß ein Mädchen sich schuldig gemacht hat, wenn es außerhalb dieser Zeit ein Kind bekommt.

Freiheit gibt es in diesem Staate nicht. Als Lula gern mit Alfie zusammenarbeiten will, wird sie belehrt: „Sie scheinen vergessen zu haben..., daß dies eine Demokratie ist, eine Demokratie..., in welcher sich jeder Proletarier völliger Freiheit erfreut, wahrer Freiheit, indem er freiwillig den Willen des Proletariats erfüllt." Als Lula den ihr zugeteilten Arbeitsplatz nicht sogleich annehmen will, ergreift der Koadjutor des Großinquisitors den unter seinem Stuhl liegenden langen, geweihten Ochsenziemer, legt ihn auf den Tisch und erinnert Lula daran, daß jeder, der proletarische Freiheiten ausschlägt, für dieses Vergehen fünfundzwanzig Hiebe erhält. Als bei Arbeiten auf einem Friedhof ein Arbeiter in einem Grab Schmuck findet und ihn sich aneignen will, saust der Hieb einer langen Ochsenpeitsche auf ihn herab. Er wird belehrt: „Wir leben hier in einer Demokratie... Wir sind alle gleich vor dem Gesetz. Und das Gesetz sagt, daß alles dem Proletariat gehört — mit anderen Worten, es fällt alles dem Staate zu." Daraufhin eignet sich der „Häuptling", der Führer des Staates, an, was ihm gefällt, und der Friedhofsarbeiter erhält als Strafe für versuchten Diebstahl von Staatseigentum abends fünfundzwanzig Hiebe. Das ist die Freiheit in dem Staate der Zukunft.

George Orwell, der 1936 zunächst gegen Franco gekämpft hatte, erkannte, daß auch bei den Kommunisten der von ihm abgelehnte Totalitarismus herrschte, dem er sich in Spanien nur durch die Flucht entziehen konnte. Die ganze Hoffnungslosigkeit eines enttäuschten Menschen über eine Welt von Lieblosigkeit, Terror, Lüge und Gewalt spiegelt sich in der Schilderung seines sozialistischen Superstaates wider.

In Orwells „1984" übt die Partei die totale Herrschaft aus. Die von ihr beherrschte Ministerialbürokratie überwacht das Leben des einzelnen. Durch Lebensmittelrationalisierung, ideologische Schulung, Arbeitsnormen, Bespitzelung durch andere und Polizeiterror hat man die Bürger dieses Staates fest in der Hand. An die Stelle Gottes ist der „Große Bruder" getreten, der mit Hilfe der technischen Errungenschaften die göttlichen Eigenschaften der Allmacht, Allgegenwart und Allwissenheit besitzt. Recht, Freiheit und Wahrheit werden unterdrückt, irgendwelche menschlichen Empfindungen dürfen nicht aufkommen, weil sie das vom Parteiapparat geregelte Zusammenleben gefährden.

Das Leben der Menschen in diesem Staat Ozeanien ist streng geordnet. Um 7.15 h werden alle Behördenangestellten durch den Televisor geweckt. Drei Minuten später beginnt die Morgengymnastik. Wer die Übungen nicht exakt durchführt, wird unter Namensnennung zur Ordnung gerufen; denn der Televisor ist nicht nur ein Empfangs-, sondern auch ein Sendegerät. In Ozeanien gibt es keinen Individualismus mehr. Wenn man nicht arbeitet, ißt oder schläft, hat man an einer Parteiunterhaltung teilzunehmen. Der Hang zum Alleinsein außerhalb des Bettes, der Wunsch, allein einen Spaziergang zu machen, sind gefährlich. Parteimitglieder tragen blaue Trainingsanzüge, so daß sie allen als die herrschende Klasse erkennbar sind. Um 23.30 h wird der Lichtstrom abgeschaltet, so daß man zu Bett gehen muß. Für Reisen über hundert Kilometer Entfernung braucht man eine besondere Eintragung im Paß. Ein uneingeschränkter Reiseverkehr ist verboten. Private Abmachungen werden nach Möglichkeit unterbunden. Ein Gedankenaustausch durch Briefe ist unmöglich. Für gewöhnliche Mitteilungen gibt es vorgedruckte Postkarten, auf denen man Nichtzutreffendes ausstreicht. Briefe werden vor der Zustellung geöffnet, und der Inhalt wird überprüft, damit es nicht zu Zusammenrottungen kommt und etwas getan oder gedacht wird, das nicht den Richtlinien der Partei entspricht.

W. Smith, der im „Wahrheitsministerium" mit andern zusammen die Aufgabe hat, die tradierten geschichtlichen Ereignisse nach dem gegenwärtigen Stand umzuändern und damit zu verfälschen, lehnt sich gegen den Verlust der Freiheit, gegen Gleichmacherei, Lüge und die Vereinsamung in der Vermassung auf. In einer Eintragung in sein Tagebuch sendet er einen Gruß an eine Zeit, „in der Gedankenfreiheit herrscht, in der die Menschen voneinander verschieden sind und nicht jeder für sich lebt — einer Zeit, in der es Wahrheit gibt und das Geschehene nicht ungeschehen gemacht werden kann ... aus einem Zeitalter der Gleichmachung und der Vereinsamung". Um die Gedankenfreiheit einzuschränken und um Gedankenverbrechen unmöglich zu machen, wird die Sprache neu gestaltet. Der Wortschatz wird in der Weise reduziert, daß man keine Worte mehr dafür findet, etwas nicht Erlaubtes auszudrücken. Dadurch gewinnt man Einfluß auf das Denken. Im Jahre zweitausendundfünfzig wird es überhaupt ein Denken nicht mehr geben, weil man dann überhaupt nicht mehr zu denken braucht, weil alles bereits vorgedacht ist. Die Menschen, die dann leben werden, sind gar keine richtigen Menschen mehr, sondern Puppen, bei denen nicht mehr das Gehirn, sondern nur noch der Kehlkopf spricht.

Im Jahre 1984 gibt es aber noch Menschen, die zu denken versuchen, und dieses Denken muß ihnen ausgetrieben werden. Das geschieht im Gefängnis der Liebe. Die Foltern, die dort angewendet werden, haben nicht den Zweck, Geständnisse zu erpressen oder die Abweichenden zu bestrafen. Sie sollen vielmehr die Menschen formen, um sie von ihrem Verbrechen zu heilen und andere Menschen aus ihnen zu machen, die sich freiwillig beugen und mit Leib und Seele der Partei dienen. Selbst wenn Menschen liquidiert werden, wird ihnen, bevor der Denkapparat selbst vernichtet wird, das richtige Denken und die Liebe zum „großen Bruder" beigebracht. „Wir zermalmen sie bis zu dem Punkt, von dem es kein Zurück mehr gibt . . . nie werden sie zu einem gewöhnlichen menschlichen Empfinden fähig sein. Alles in ihnen ist tot. Nie wieder werden sie der Liebe, der Freundschaft, der Lebensfreude, des Lachens, der Neugierde, des Mutes oder der Lauterkeit fähig sein. Sie werden ausgekohlt sein. Wir werden sie leerpressen und dann mit unserem Gedankengut füllen."

Nach Orwell sieht die neue Welt folgendermaßen aus: „Sie ist das genaue Gegenteil der blöden, auf Freude hinzielenden Utopien, die den alten Reformatoren vorschwebten. Eine Welt der Angst, des Verrats und der Qualen, eine Welt des Tretens und Getretenwerdens, eine Welt, die nicht weniger unerbittlich, sondern immer unerbittlicher werden wird, je weiter sie sich entwickelt. Fortschritt in unserer Welt bedeutet Fortschreiten zu größerer Pein . . . Es wird keine Treue mehr geben außer der Treue gegenüber der Partei. Es wird keine Liebe mehr geben außer der Liebe zum großen Bruder. Es wird kein Lachen mehr geben außer dem Lachen des Frohlockens über einen besiegten Feind. Es wird keine Kunst geben, keine Literatur, keine Wissenschaft; wenn wir allmächtig sind, werden wir die Wissenschaft nicht mehr brauchen. Es wird keine Neugier, keine Lebenslust geben. Alle Freuden des Wettstreites werden ausgetilgt sein. Wenn Sie sich ein Bild von der Zukunft machen wollen, dann stellen Sie sich einen Stiefel vor, der in ein Menschenantlitz tritt — immer und immer wieder." So schildert O'Brien, ein führender Beamter im Staate Ozeanien, die Welt der Zukunft, die man erstrebt.

„Die alten Kulturen erhoben Anspruch darauf, auf Liebe und Gerechtigkeit gegründet zu sein. Die unsrige ist auf Haß gegründet. In unserer Welt wird es keine anderen Gefühle geben als Haß, Wut, Frohlocken und Selbstbeschämung. Alles andere werden wir vernichten — und zwar alles. Wir merzen bereits die Denkweisen aus, die noch aus der Zeit vor der Revolution stammen." Um Haß zu provozieren, sind die Bewohner des Superstaates Ozeanien gezwungen, an Gemeinschaftsempfängen der Haß-Sendungen teilzunehmen, bei denen man sich zu einer Ekstase der Angst und der Rachsucht steigert und das Verlangen wie ein elektrischer Strom die

Teilnehmer durchflutet „zu töten, zu foltern, Gesichter mit einem Vorschlaghammer zu zertrümmern". Selbst wenn man dieses Tun nicht billigt und sich dem Delirium der Massen zu entziehen sucht, muß man seine eigentlichen Gefühle verschließen und das tun, was jeder tut; sonst läuft man Gefahr, vernichtet zu werden.

Wie in den klassischen Utopien von Morus und Campanella ist auch in Ozeanien der Sexualverkehr geregelt. Ein wirkliches Liebesleben gibt es dort nicht. Eheschließungen zwischen Parteimitgliedern müssen von einer Kommission genehmigt werden. Der einzige Zweck einer Heirat ist es, Kinder zum Dienst für die Partei zur Welt zu bringen. Der Geschlechtsakt soll aller Freude entkleidet sein. W. Smith erzählt von seiner Frau, daß sie ohne Gefühl und ohne Regung wie eine Holzpuppe war, wenn er sie umarmte. Sie fügte sich ihm nur deshalb, weil sie ihre Pflicht der Partei gegenüber erfüllen wollte, die Kinder verlangte. Ein Ehemann, der bei der Frau Luststreben erweckt, gilt als Verführer. „Wir haben die Bande zwischen Kind und Eltern, zwischen Menschen und Mensch und zwischen Mann und Frau durchschnitten. Niemand wagt es mehr, um eine Gattin, ein Kind oder einen Freund zu trauern. Aber in Zukunft wird es keine Gattinnen und keine Freunde mehr geben. Die Kinder werden ihren Müttern gleich nach der Geburt weggenommen werden, so wie man einer Henne die Eier wegnimmt. Der Geschlechtstrieb wird ausgerottet. Die Zeugung wird eine alljährlich vorgenommene Formalität wie die Erneuerung einer Lebensmittelkarte werden. Wir werden das Wollustmoment abschaffen. Unsere Neurologen arbeiten gegenwärtig daran." Kinder werden systematisch gegen die Eltern aufgehetzt, sie werden erzogen, Erwachsene zu bespitzeln und sie anzuzeigen. Zu diesem Zweck werden sie mit Horchgeräten ausgerüstet, damit sie Erwachsene unbemerkt belauschen können.

Ähnlich wie Orwell, aber ohne Kenntnis seines Zukunftsromans schildert Walter Jens die Verhältnisse des Zukunftsstaates in seinem Roman „Nein. Die Welt des Angeklagten". Fünf Jahre nach dem letzten Krieg wurden die Kirchen zerstört. Zwei Jahre später schloß man die Universitäten. Neun Jahre nach dem letzten Krieg wurden die Richter, Maler und Musiker durch Gesetz mundtot gemacht. Seitdem gibt es drei Klassen von Menschen: Richter, Zeugen und Angeklagte. Wenn man einen anzeigt, kann man aus der Gruppe der Angeklagten in die der Zeugen aufsteigen. Bewährt man sich als Zeuge, so kann man zum Richter ernannt werden. Wird man als Richter angeklagt, dann wird man auf der Stelle erschossen. Da jeder Bürger ein potentieller Zeuge ist, traut keiner dem andern und verdächtigt jeder den andern. Jeder Mensch hat mindestens sechs, meist aber noch mehr Bewacher, so daß der obersten Behörde nichts entgeht und sie ein lückenloses Bild von jedem Bürger hat.

Zweiundzwanzig Jahre nach dem letzten Krieg ist es dem Staat gelungen, die Menschen völlig gleichzuschalten. Nur fünf Personen haben ihre selbständige Meinung noch erhalten können. Diese wahren Menschen, die letzten Repräsentanten einer längst verschollenen Zeit, die sich nicht hatten bekehren lassen, müssen verschwinden. Der Maler Wild wird so lange durch die Marterzellen geschleust, bis er wahnsinnig wird. Der Priester Silvester wird ertränkt, indem das Wasser langsam an seinem Körper bis zum Hals, bis zum Mund, bis zur Nase emporsteigt. Dem Dozenten H. Wiechers wird verboten, die Stadt zu verlassen. Am nächsten Morgen wird ihm im Büro gekündigt. Am folgenden Tag wird ihm mitgeteilt, daß er aus dem Stadtteil nicht herausgehen darf. Dann kommt eine Karte, daß er sich nur noch auf der Wiechstraße zeigen darf. Dort haben sich Menschen versammelt, die mit Fingern auf ihn zeigen und aggressiv gegen ihn werden. Am nächsten Tag erhält er die Nachricht, daß er das Haus nicht verlassen darf. Dann folgt die Mitteilung, daß er an sein Zimmer gebunden ist, in dem er die Gardinen nicht zuziehen darf. Vor seinem Fenster steht ein Wächter, der anordnet, wie er sich zu verhalten hat, bis er zu Grunde geht. Gisela Waltz, die Ärztin, nimmt Gift. Übriggeblieben aus dem Freundeskreis ist nur noch der Schriftsteller Dr. Walter Sturm. Er glaubt, sich einen Raum der Freiheit reserviert zu haben. Als er zur Vernehmung in den Justizpalast geladen ist, muß er sich überzeugen, daß es solche nicht einsehbaren

Räume des Privatlebens nicht gibt, daß nichts verborgen bleibt. Den obersten Richter kennt niemand. Er hat keinen Namen, damit man nicht durch Aussprechen seines Namens Macht über ihn erhält. Er trägt eine Maske, so daß niemand weiß, wie er aussieht. Aber er selbst kennt alles, und er weiß auch alles. Durch geschickte Vernehmungstaktik wird aus dem Angeklagten Sturm der Zeuge Sturm, der durch seine Aussage die einzige Frau, die er liebt, die Ärztin Gisela Waltz belastet. Nun soll er nicht in der Klasse der Zeugen bleiben. Weil sein Buch über Nero dem obersten Richter imponiert hat, soll er sein Nachfolger werden. Darum wird er beim Verhör im Justizpalast in vieles eingeweiht, was andere nicht zu sehen und zu hören bekommen. Als der Richter ihm seine geheimen Pläne mitteilt, steht er vor einer schweren Entscheidung: „Weil er ein Mensch war, wollte er noch leben. Aber er konnte nur leben, wenn er sich selbst verriet. Er würde sterben müssen, wenn er sich treu blieb. Er wollte aber noch leben. Er wollte aber auch den Mann nicht foltern, der noch denkt, und den Mann, der seine Frau liebt, wollte er auch nicht foltern. Er wollte den Mann nicht foltern, der Bücher las, und er wollte die nicht töten, die wußten, was ein Mensch war. Aber er wollte auch nicht sterben." Trotz des eindringlichen Angebots, trotz des natürlichen Dranges zum Leben bleibt er fest — und wird liquidiert. Damit ist der letzte Mensch verschwunden. Was man früher Mensch nannte, ist nur noch ein kleines Gewürm, unfreie, am Boden kriechende, um ihre Existenz bangende Wesen. Die Spezies freier Mensch ist ausgerottet.

In einer von Computern gesteuerten und von einer Ideologie gestalteten Welt, in einer vollkommen mechanisierten Gesellschaft wird der Mensch zu einem Teil der Staatsmaschinerie. In einer solchen Gesellschaft, in der es auf Produktion und Konsumtion ankommt, ist für die Freiheit des Menschen kein Raum mehr. Der Mensch bleibt nicht so, wie er war, er wird ein geistloses, selbstloses, den Verhältnissen gut angepaßtes Wesen, das sich leiten und beherrschen läßt.

Auch die Technik bringt dem Menschen nicht das Glück, das man von ihr erwartet hat, sondern wird zum Mittel, den

Menschen zu versklaven. Bacon preist in seiner Utopie die Wunder der Technik. Lange hatte man geglaubt, daß die Technik, die den Menschen von der Last der Arbeit befreit, dem Menschen das große Glück bringen werde. Als Paul Tillich nach Amerika kam, so berichtet er, fand er dort einen starken Fortschrittsglauben vor, der auch die Theologen erfaßt hatte. Sie glaubten an die Verwirklichung des Reiches Gottes durch die Technik. Als dann die ersten Atombomben fielen, zerbrach bei vielen der Glaube an die technische Utopie[156]. Trotzdem verkündete Emmanuel G. Mesthene auf der Weltkonferenz „Kirche und Gesellschaft" 1966 in Genf, daß die Machtergreifung des Menschen über die Natur auch eine Umgestaltung des Menschen einschließe und dadurch der Prozeß einer zunehmenden Menschwerdung möglich werde. Er weiß wohl, daß die Technik zwei Gesichter hat, eins voller Verheißung und eins der Entmutigung. Aber man darf sich nicht Furcht einjagen lassen, sondern muß die Vorteile sehen, die die Technik den Menschen bringt. Mesthene beruft sich ausdrücklich auf Bacon und triumphiert darüber, daß die uralte Tyrannei der Materie jetzt endlich gebrochen ist. Der Mensch hat nun die Macht, neue Möglichkeiten zu schaffen, größere Freiheiten zu gewinnen und dadurch menschlicher zu werden. Das technische Können ist nach seiner Meinung überall voll Verheißung neuer Freiheit, erweiterter menschlicher Würde und unbegrenzten Strebens. Es bringt dem Menschen die langersehnte Freiheit. Die neugefundene Macht und das gewonnene Selbstvertrauen ermöglichen dem Menschen, seine Partnerschaft mit Gott zu suchen. Der Mensch ist jetzt in diese Lage versetzt. Er hat die Kenntnisse, die Geschicklichkeit und den Willen, die Sache der Welt zu führen[157].

Dieser technologische Fortschrittsglaube ist bei vielen gewichen. Man hat erkannt, daß die technische Utopie dem Menschen nicht das erwartete Glück bringt, sondern ihm zum Verhängnis wird. Sie bringt nicht nur die erwünschte Erleichterung, sie ist nicht nur ein Mittel zur Unterwerfung der Natur, sondern sie richtet sich auch gegen den Menschen und dient zu seiner Beherrschung. Mit Hilfe der Technik wird der Mensch unterjocht, seiner Freiheit beraubt und zu einem kontrollierbaren Glied der von wenigen regierten Gesellschaft gemacht. Aus Angst vor den Erfolgen der Technik wünscht man sich eine „Euthanasie der Technik"[158].

In den Antiutopien spielt die den Menschen bedrohende Technik eine große Rolle. In Orwells „1984" fahren Polizeistreifen im Helikopter zwischen den Hochhäusern, schauen durch die Fenster in die Wohnungen und kontrollieren das Leben der Menschen. Das dient mehr zur Abschreckung als zur wirklichen Feststellung von Fakten; denn die Menschen werden durch den Televisor ganz genau überwacht. Er ist nicht nur ein Empfangs-, sondern auch ein Sendegerät. Jedes Geräusch wird von ihm aufgenommen, jede Bewegung gesehen. Natürlich kann die Gedankenpolizei nicht alle Menschen gleichzeitig kontrollieren, aber man weiß nie, ob sie nicht gerade in dem betreffenden Augenblick sich in den Privatapparat eingeschaltet hat. Man muß immer damit rechnen, daß jedes Gespräch abgehört und jede Bewegung beobachtet wird. Man hat sich angewöhnt, auch bei innerer Erregung durch Willensanstrengung ein ausdrucksloses Gesicht zu machen und seine Atemzüge zu beherrschen. Aber keiner ist imstande, das Pochen des Herzens zu regulieren, und das kann gefährlich werden; denn der Televisor ist durchaus empfindlich genug, es aufzufangen. So entgeht der Gedankenpolizei nichts, keine körperliche Verrichtung, kein laut gesprochenes Wort. Es gibt keinen Gedankengang, den sie nicht im voraus weiß.

Bei Walter Jens, „Nein. Die Welt des Angeklagten" hat im Justizpalast jeder Stadtteil einen besonderen Raum, in dem die Tonfilmaufnahmen von jedem Bewohner aufbewahrt werden, damit man falsche Aussagen, die ein Angeklagter beim Vernehmen macht, sogleich widerlegen kann. Diese Filme schildern das Leben eines jeden Menschen und geben ein vollkommenes Bild von ihm. Selbst der oberste Richter, der die höchste Staatsgewalt innehat, wird gefilmt, aber nach vollendeter Tat werden der Filmoperateur und der Entwickler sofort liquidiert.

Mit scharfen Worten geißelt Aldous Huxley in „Affe und Wesen" die Fortschritte der Technik. Der Erzvikar sagt von Belial: „Er sah voraus, daß die Menschen durch die Wunder ihrer eigenen Technik so ungeheuer überheblich werden würden, daß sie sehr bald jeden Sinn für die Wirklichkeit verlören, und genau das geschah. Diese erbärmlichen Sklaven von Räderwerken und Hauptbüchern begannen sich zu beglückwünschen, die Bezwinger der Natur zu sein. Bezwinger der Natur — wahrhaftig! Tatsächlich hatten sie doch nur das Gleichgewicht der Natur gestört und würden alsbald die Folgen zu erleiden haben. Bedenken Sie, was die Menschen in den anderthalb Jahrhunderten, bevor die Sache (der Atomkrieg) passierte, angerichtet hatten! Die Flüsse verunreinigt, die wildlebenden Tiere ausgerottet, die Wälder vernichtet, der Humus ins Meer geschwemmt, ein Ozean von Petroleum verbrannt, die Minerale vergeudet, zu deren Ablagerung die ganze geologische Zeit notwendig gewesen war. Eine Orgie verbrecherischer Dummheit, und sie nannten sie Fortschritt, Fortschritt, wiederholte er, Fortschritt! Ich sage Ihnen: Der war eine viel zu erlesene Erfindung, um das Erzeugnis eines bloß menschlichen Hirns zu sein — eine zu teuflisch ironische Erfindung! Sie war nicht ohne Hilfe von außen möglich. Da bedurfte es schon der Gnade Belials ... Fortschritt und Nationalismus — das waren die beiden großen Ideen, die er ihnen in die Köpfe setzte. Fortschritt — die Theorie, daß man etwas für nichts kriegen kann; die Theorie, daß man auf einem Gebiet etwas gewinnen kann, ohne auf einem anderen für diesen Gewinn zu bezahlen; ... Die Theorie, daß das Land Utopia dicht vor einem liege und man, da ideale Zwecke die abscheulichsten Mittel rechtfertigen, das Vorrecht und die Pflicht habe, alle zu berauben, zu beschwindeln, zu foltern, zu versklaven und zu morden, welche der eigenen Meinung nach ... dem Vormarsch zum irdischen Paradies im Weg stehen. Erinnern Sie sich an diesen Satz von Karl Marx: Gewalt ist die Geburtshelferin des Fortschritts? Er hätte hinzufügen können — aber natürlich wollte Belial in jenem frühen Stadium des Verfahrens die Katze nicht aus dem Sack lassen — daß der Fortschritt der Geburtshelfer der Gewalt ist."

In der Utopie plant man nicht nur neue soziale Strukturen, sondern man plant, wie der Sonnenstaat von Campanella zeigt, auch den neuen Menschen, der sich in die Struktur der kollektiven Gesellschaft einfügt und den Anforderungen der neuen Gesellschaftsform gewachsen ist. Schon Ernest Renan hatte sich in seinen „Träumen" Gedanken über die Weiterentwicklung des Menschen gemacht. Nach seiner Ansicht kann man mit Hilfe der Physiologie durch Zuchtwahl aus den Menschen eine neue Art von Lebewesen entstehen lassen. „Es wäre dies eine Art von Göttern oder Devas, Wesen, die uns im Wert zehnfach überlegen wären."[159] Wie sich der Mensch aus der Tierheit entwickelt hat, so könnte dieses göttliche Wesen aus der Menschheit hervorgehen. „Es würde Wesen geben, welche sich des Menschen bedienen würden, wie sich der Mensch der Tiere bedient. . . . Diese zukünftigen Meister müssen wir als Inkarnation des Guten und Wahren träumen. Es würde Freude bedeuten, sich ihnen unterzuordnen" (S. 119). Nach der Meinung von Renan könnten Götter, Paradies, Überlegenheit der Rasse, übernatürliche Mächte und dergleichen am ehesten in Deutschland entstehen. Die Herrschaft über die Welt durch die Vernunft passe am besten zu Deutschland (S. 121).

Die Planung des zukünftigen Menschen und die durch die Erkenntnisse der Biologie und die Entwicklung der Technologie mögliche Verwirklichung des geplanten Menschen hat bei den Antiutopisten Furcht ausgelöst. Wie schon Renan angedeutet hat, wird ein Unterschied zwischen der gegenwärtigen und der zukünftigen Menschenart bestehen. In der „Schönen neuen Welt" von Huxley erscheint der von einem Mann gezeugte und von einer Frau geborene Mensch als der „Wilde", und Wladimir Majakovskij schildert in seinem Drama „Die Wanze" den ursprünglichen Menschen als ein dem menschlichen Geschlecht ähnliches Wesen.

In Huxleys „Schöne neue Welt" werden die Menschen nicht mehr gezeugt und geboren, sondern nach den Bedürfnissen der Gesellschaft fabrikmäßig in Serienproduktionen in der Retorte hergestellt. „Die Prädestinatoren übergeben ihre Zahlen den Befruchtern, die ihnen die gewünschte Anzahl Embryos schicken." Je nach Bedarf werden Mädchen und Jungen hergestellt, und bei den Mädchen werden siebzig Prozent empfängnisfrei produziert. Durch das Bokanowsky-System der Eiteilung ist es möglich, sechsundneunzig identische Zwil-

linge hervorzubringen. Es gibt fünf Klassen von Menschen, die sich durch Größe, Begabung und dementsprechend auch durch ihren Einsatz und ihre Stellung in der Wirtschaft unterscheiden. Die Alphas und Betas bilden die herrschende Klasse, die Gammas und Deltas sind die gelernten Arbeiter, die Epsilons die Kanalisationsarbeiter. Bei der Produktion der Epsilons wird die Sauerstoffzufuhr stärker gedrosselt, was sich auf die Bildung des Gehirns auswirkt. Ebenso hat die Zufügung von Alkohol eine negative Wirkung auf die Entwicklung. „Unser ganzes Normungsverfahren verfolgt dieses Ziel: Die Menschen ihre unentrinnbare soziale Bestimmung lieben zu lehren." Arbeiter mit stumpfsinniger Arbeit müssen dumm sein, damit sie zufrieden bleiben. Mechanikern von Raketenflugzeugen wird als Embryo das Blutsurrogat entzogen, bis sie halb verhungert sind. Wenn sie auf dem Kopf stehen, erhalten sie dann die doppelte Portion, damit sich bei ihnen das Gefühl des Wohlbehagens einstellt. So werden sie auf ihren schwierigen zukünftigen Beruf vorbereitet. Durch elektrische Stromstöße wird den Kleinkindern der Delta-Klasse der Haß gegen Bücher und Blumen beigebracht. In dem Roman „Affe und Wesen" schildert Huxley die Beseitigung der minderwertigen Kinder aus der Gesellschaft. Am Vorabend des Belialtages findet die große Reinigungsfeier statt, bei der alle mißgestalteten Kleinkinder getötet werden. Nach dem Atomkrieg haben auch die angesehensten Leute Mißbildungen. Drei Paar Brustwarzen, sieben Zehen und Finger sind durchaus erlaubt. Wer mehr Mißbildungen hat, wird bei der Reinigung liquidiert. Zuerst wird zur Strafe den Müttern der Kopf rasiert. Dann werden sie unter dem Chorgesang „Ehre sei Belial, sei Belial in der Tiefe" zu dem auf der obersten Altarstufe stehenden Patriarchen von Pasadena geführt, der ein langes Schlachtmesser gewetzt in der Hand hält. Während er das mißgestaltete Kind auf sein Messer spießt, einen halben Liter Blut auf den Altar rinnen läßt und dann die Kinderleiche in die Dunkelheit schleudert, singt der Chor: „Durch Blut, durch Blut, durch Blut . . ." Nachdem das Kind aufgespießt ist, wird die Mutter von Postulanten mit geweihten Ochsenziemern weggetrieben.
So sehen die Antiutopisten die Zukunft des Menschen.

Die Zahl der Antiutopisten ist gewachsen. Anti-Reich-Gottes-Entwürfe gibt es nicht, weil es die Gefahren, die aus der Verwirklichung der Utopien kommen, bei der Realisierung der Machtergreifung Gottes nicht gibt. Man fürchtet sich nicht vor dem Kommen des Gottesreiches, sondern erwartet es mit Freuden und sucht die andern Menschen mit dieser Freude anzustecken. In den neueren Utopien hat man das Bedrohtsein, die Endlichkeit und Unvollkommenheit des Menschen gesehen. Man hat Angst vor dem Menschen, der mit Gewaltmitteln der Wissenschaft und Technik in das Leben seiner Mitmenschen eingreift und der sich alles erlaubt, weil er an keine allgemeinverbindlichen Maßstäbe und Normen gebunden ist. Man gelangt zu einer negativen Erfahrung vom Menschen. Aber weil man in den Utopien nichts von der Sünde weiß, weiß man auch nichts von der Erlösung des Menschen. Weil die Utopien stets innerweltlich denken, sieht man keinen Ausweg aus dem Dilemma. Übrig bleibt nur der „Untergang, dem keine Auferstehung mehr folgt"[160].

Im Gegensatz dazu hat das Christentum trotz seiner Lehre von der Sünde eine viel positivere Auffassung vom Menschen als die enttäuschten Utopisten. Für den Christen bleibt der Mensch die Krone der Schöpfung, ja noch mehr, der Mensch ist nach dem Bilde Gottes geschaffen, und Gott gibt sein Geschöpf nicht auf. Darum ist Jesus Christus gekommen, darum ist er Mensch geworden, darum ist er gestorben und auferstanden. Durch diese Auferweckung ist etwas Neues geschehen. Wir sind, wie es in dem Wort des ersten Petrusbriefes heißt, „wiedergeboren zu einer lebendigen Hoffnung" (1. Petr. 1, 3). Im Reiche Gottes ist der Mensch nicht seiner Freiheit beraubt, er wird nicht degradiert, sondern er wird zur Freiheit geführt. Eine Aufzucht gibt es nicht, wohl aber eine Wiedergeburt und eine Auferweckung. Dadurch erhalten alle den höchsten Grad der Vollkommenheit. „Wie wir das Bild des irdischen Menschen getragen haben, so werden wir auch das Bild des himmlischen tragen ... Fleisch und Blut können das Reich Gottes nicht ererben ... das Verwesliche muß Unverweslichkeit und das Sterbliche Unsterblichkeit anziehen" (1. Kor. 15, 49—53).

Es besteht ein großer Unterschied zwischen dem neuen Menschen in der Utopie und dem im Reiche Gottes. Der neue Mensch wird in der Utopie gezüchtet, er wird im Laufe der Zeit entwickelt, jede Generation fällt besser aus als die andere, bis der Mensch das höchste Maß der Vollkommenheit erreicht hat. Ähnliche Vorstellungen hat man auch an die Erwartung vom neuen Menschen im Christentum herangetragen, aber einen Christen kann man nicht züchten. Es ist nirgendwo gesagt, daß die Kinder der Christen bessere Christen sind, als die Eltern es waren. Durch die Botschaft des Evangeliums erfolgt nicht eine von Jahr zu Jahr zunehmende Verchristlichung des Menschen, bis alle Menschen völlig Christus gleich geworden sind, sondern jeder Mensch muß von Grund auf erneuert werden und so von neuem anfangen. Ist er aber in Christus, so ist das alte vergangen, und er ist eine neue Schöpfung Gottes (2. Kor. 5, 17).

11.

Reich Gottes und Utopie lassen sich wegen dieser Unterschiede nicht gleichsetzen. Wenn der Christ um das Kommen des Reiches betet, so bedeutet das nicht, daß er von der aktiven Mitarbeit zum Wohle des Ganzen befreit ist. Das Gebot der Nächstenliebe fordert von ihm nicht nur die persönliche Liebestat, sondern verlangt in der gegebenen Situation von ihm auch den aktiven politischen Einsatz für bessere Verhältnisse in der Gesellschaft.

Utopie und Reich Gottes sind achtmal vergleichend und abgrenzend gegenübergestellt worden. Beide haben zweierlei gemeinsam: Sie enthalten Aussagen über die Zukunft, und sie sprechen vom Leben der Menschen in der noch ausstehenden Zeit. Zwischen beiden Erwartungen bestehen aber erhebliche Unterschiede. Bloch schreibt: „Sowenig wie das religiöse Selbst sich mit dem kreatürlich vorhandenen Menschen deckt und sowenig wie religiöse Geborgenheit mit dem selbstgefälligen Einspinnen des Positivismus in den empirischen Le-

bensinhalt zusammenfällt: sowenig fällt der religiöse Reichsgedanke, seinem intendierten Umfang und Inhalt nach, selbst
mit irgendeinem der Sozialutopie ganz zusammen ... er enthält, in seinen Antizipationen, ein Absolutum, worin noch
andere Widersprüche als die sozialen aufhören sollen, worin
auch der Verstand aller bisherigen Zusammenhänge sich
ändert."[161] Wenn man Utopie und Reich Gottes nicht in eins
setzt, sondern beide voneinander unterscheidet, so heißt das
nicht, daß der Christ sich gegen alles wenden muß, was in
der Utopie erhofft und erstrebt wird. Er muß allerdings dort
zur Utopie nein sagen, wo sie den Himmel auf Erden schaffen will, wenn sie den Menschen seiner Freiheit beraubt und
die Gemeinschaft bzw. der Repräsentant der Gemeinschaft
an die Stelle Gottes tritt.

Der Christ muß aber auch zu einer solchen Anschauung vom
Reich Gottes nein sagen, die Reich Gottes und Utopie identi-
fiziert und das Wort der Bibel umwandelt in: „Mein Reich
ist nur von dieser Welt."[162] Das Reich Gottes ist mit keiner
bestimmten Gesellschaftsform gleichzusetzen. Es entspricht
weder einer bestehenden Ordnung, noch verwirklicht es sich
in einer geschichtlichen Entwicklung. Man zieht aber auch
dann falsche Schlüsse aus der biblischen Lehre vom Reiche
Gottes, wenn man weltflüchtig die Hände in den Schoß legt,
nichts unternimmt und sich einem politischen und sozialen
Quietismus hingibt in der Meinung, Gott werde schon alles
richtig machen. Man darf einer eschatologisch-christologisch
ausgerichteten Theologie nicht den Vorwurf machen, daß der
Mensch als Subjekt dieser Welt entmündigt und aktionsun-
fähig gemacht wird, so daß ein ethischer Appell zur Welt-
verantwortung eine reine „Farce" ist. Die Zukünftigkeit
Gottes verschlingt in keiner Weise die Zukunft des Menschen,
und der primär christologisch strukturierte Erwartungshori-
zont hat in keiner Weise zwangsläufig eine Reduktion des
anthropologischen zur Folge[163]. Die Dogmatik Karl Barths
und sein Leben zeigen, daß christologische Theologie und politischer Einsatz sich nicht ausschließen[164].

Es ist eine theologisch in keiner Weise zu rechtfertigende und
darum falsche These, wenn man die Alternative aufstellt:
Entweder erwartet man das Reich Gottes als reines Geschenk,

oder man greift in voller Aktivität in das innerweltliche Geschehen ein, um Mißstände zu beseitigen und bessere Verhältnisse zu schaffen. Bei der Gegenüberstellung von Reich Gottes und Utopie ging es in keiner Weise um eine solche Alternative. Eschatologische Hoffnung und gegenwärtige Aktivität schließen sich nicht aus. Wie die beiden Bitten „dein Reich komme" und „unser tägliches Brot gib uns heute" (Mt. 6, 10 f.) in ihrer starken eschatologischen Erwartung und in ihrer irdischen Realistik keine Gegensätze sind, so auch nicht die Erwartung der Herrschaft Gottes und die persönliche Anteilnahme in der Sorge um materiell und personell bessere Zustände auf dieser Erde. Das Evangelium proklamiert zwar weder ein politisches noch ein soziales Programm, seine gläubige und gehorsame Annahme hat aber Konsequenzen für das Zusammenleben der Menschen untereinander und damit sowohl eine politische wie eine soziale Ausstrahlung. Wenn Jesus sich selbst erniedrigte und gehorsam bis zum Tode wurde (Phil. 2, 8) und von seinen Anhängern verlangt, daß sie sich selbst verleugnen, ihr Kreuz auf sich nehmen und ihm nachfolgen (Mk. 8, 34), so bedeutet das in keiner Weise, daß Gruppen von Menschen Elend, Armut und Verachtung als gottgegeben hinnehmen und im Warteraum auf das kommende Reich physisch und psychisch zugrunde gehen müssen. Die Theologie des Kreuzes zerstört zwar jede wirklichkeitsfremde Illusion, sie darf aber nicht zu einer sozialpolitischen Fehlinterpretation der biblischen Aussagen führen.

Die Verkündigung des Reiches Gottes enthält die Botschaft, daß Gott der Herr der Welt ist. Der Christ, der diese Botschaft hört, betet nicht nur um das Kommen des Reiches, daß alle Menschen Bürger dieses Reiches werden und „alle Zungen bekennen, daß Christus der Herr ist" (Phil. 2, 11), der Christ soll auch sein Leben so gestalten, wie Gott es von ihm haben will: Er soll Licht der Welt und Salz der Erde sein (Mt. 5, 13—15), seinen Nächsten lieben wie sich selbst und auf das Wohl seiner Mitmenschen bedacht sein. Gerade der durch Gottes Liebe erneuerte Mensch ist imstande, Liebe, die ihm zuteil geworden ist, auszustrahlen und die Welt umzugestalten. Aus dem christlichen Liebesgebot läßt sich kein allgemein verbindliches soziales Programm entwickeln, aber der Christ ist durch das Liebesgebot verpflichtet, alle ihm zur Verfügung stehenden Mittel zum Wohl der Mitmenschen anzuwenden. Die Liebe Christi, die ihm zuteil geworden ist, läßt ihm gar keine andere Möglichkeit. Darum fordert das Gebot der Nächstenliebe von ihm nicht nur die persönliche Hilfeleistung im konkreten Falle der nächsten Umgebung. Der in einem demokratischen Staat lebende Christ hat nicht nur als politischer Mensch, sondern gerade auch als Christ die Pflicht, nach seinen sozialen Erkenntnissen, seinen ökonomischen Möglichkeiten und seinen politischen Fähigkeiten in Staat und Gesellschaft, in Politik und Wirtschaft sich dafür einzusetzen, daß für den Nächsten menschenwürdige, befriedigende Verhältnisse geschaffen werden. Der Christ wird in der heutigen Zeit dem Gebot der Nächstenliebe nicht gerecht, wenn er es auf den schmalen Sektor der nachbarlichen Hilfsbereitschaft beschränkt. In einem demokratischen Staat, in dem jeder Bürger zur Mitgestaltung aufgerufen und für das Geschehen verantwortlich ist, hat dieses Gebot für ihn gesellschaftliche Dimensionen. Mit dem Einsatz seiner ganzen Person soll er in selbstloser Entschlossenheit auf dem politisch-sozialen Bereich das Bestmögliche für die Gesellschaft zu erreichen suchen. Er schließt seine Augen nicht, wenn Unrecht und Heuchelei, Unterdrückung und Ausbeutung geschehen, sondern er nennt, was unrecht ist, beim Namen, auch wenn es ihm persönliche Nachteile einbringt. Er ist aufgerufen, mitzuarbeiten an dem Aufbau einer Welt, in der für den Nächsten Gerechtigkeit, Freiheit und Frieden herrschen und Ungerechtigkeit, Armut und Unterdrückung beseitigt werden.

Das steht nicht im Gegensatz zur Erwartung des Gottesreiches. Gerade wenn der Christ sich mit voller Energie für eine bessere Welt einsetzt, wird er das Gebet um das Kommen des Reichs nicht vergessen. Es bewahrt ihn vor der Resignation, daß doch nichts zu ändern ist, es schützt ihn aber auch vor der Versuchung, den Himmel auf Erden schaffen zu wollen, was ihm nie gelingen wird. Es lähmt ihn nicht in seinem Handeln, bewahrt ihn aber vor Fehleinschätzungen. Es schenkt ihm die Nüchternheit der Wirklichkeit gegenüber, gibt ihm den klaren Blick für die Realitäten und behütet ihn vor Schwärmerei und damit vor Enttäuschung und Verzweiflung[165].

Utopie und Reich Gottes sind zwei verschiedene Größen. Das Warten auf das Reich Gottes entbindet den Christen nicht vom Planen und Aufbauen besserer Gesellschaftsformen. Als Berufener zum Reich hat er die Aufgabe, für seine Mitmenschen da zu sein und nicht nur für die Brüder. Die Erkenntnis, daß das Reich Jesu Christi kommt, aber nicht ein Reich von dieser Welt ist, macht ihn illusionsfrei. Er gibt sich weder einem revolutionären noch einem reaktionären Fanatismus hin, sondern seine eschatologische Erwartung befähigt ihn, in einem guten Sinn seinen Gaben und Aufgaben entsprechend in seinem Wirkungskreis ein Realpolitiker zu sein.

Anmerkungen

[1] P. S. Allen, Opus Epistolarum Des. Erasmi Roterodami II (1910) Nr. 461, 1 (p. 339) v. 3. Sept. 1516; Nr. 467, 13 f. (p. 346) v. 20. Sept. 1516 u. Nr. 481, 62 (p. 372) v. 31. Okt. 1516.

[2] R. Falke, Utopie — logische Konstruktion und chimère. Ein Begriffswandel, Germanisch-Romanische Monatsschrift 37 (1956) S. 79.

[3] M. Horkheimer, Anfänge der bürgerlichen Geschichtsphilosophie (1971) S. 9.

[4] E. Bloch, Das Prinzip Hoffnung, Gesamtausgabe 5 (1959) S. 727, vgl. Freiheit und Ordnung (1947) S. 211.

[5] B. Frei, Zur Kritik der Sozialutopie (1973) S. 10.

[6] E. Bliesener, Zum Begriff der Utopie (Diss. Frankfurt 1950); H. Schulte-Herbrüggen, Utopie und Anti-Utopie. Beiträge zur englischen Philologie 43 (1960) S. 3—12.

[7] A. Neusüss, Utopisches Bewußtsein und freischwebende Intelligenz, Marburger Abhandlungen zur Politischen Wissenschaft 10 (1968) S. 135 bis 137.

[8] Theol. Wörterbuch zum NT V (1954) S. 521, 36 f.

[9] vgl. K. L. Schmidt, Theol. Wörterbuch zum NT I (1933) S. 582, 35 ff.

[10] J. Jeremias, Neutestamentliche Theologie I (1971) S. 100.

[11] O. Cullmann, Königsherrschaft Christi und Kirche im Neuen Testament, Theologische Studien (1950).

[12] H. Windisch, Die Sprüche vom Eingehen in das Reich Gottes, Zeitschrift für die neutestamentliche Wissenschaft 27 (1928) S. 163—192.

[13] H. R. Niebuhr, Der Gedanke des Gottesreiches im amerikanischen Christentum (1948) S. 33.

[14] C.-H. Hunzinger, Paulus und die politische Macht, in: Christentum und Gesellschaft (1969) S. 127.

[15] L. Mumford, The Story of Utopias (1922/59) 59; zitiert nach H. J. Krysmanski, Die utopische Methode. Eine literatur- und wissenssoziologische Untersuchung deutscher utopischer Romane des 20. Jahrhunderts, Dortmunder Schriften zur Sozialforschung 21 (1963) S. 23.

[16] M. Hess, Die heilige Geschichte der Menschheit. Von einem Jünger Spinoza's, Philosophische und sozialistische Schriften 1837—1850, ed. A. Cornu und W. Mönke (1961) S. 36.

[17] H. Braunert, Utopia. Antworten griechischen Denkens auf die Herausforderung durch soziale Verhältnisse, Veröffentlichungen der Schleswig-Holsteinischen Universitätsgesellschaft NF 51 (1969).

[18] M. Horkheimer, a. a. O. S. 59.

[19] R. W. Chambers, Thomas More (1946) S. 435; G. Möbus, Politik des Heiligen (1953) S. 22—51; ders., Macht und Menschlichkeit in der Utopia

des Thomas Morus, Schriftenreihe der Deutschen Hochschule für Politik Berlin (1953) S. 14.

[20] Thomas Morus, Utopia, übersetzt von G. Ritter, Klassiker der Politik 1 (1922) S. 99 f.

[21] F. Bacon, Neu Atlantis, ins Deutsche übertragen von G. Gerber, Philosophische Studientexte (1959).

[22] F. Meinecke, Die Idee der Staatsräson in der neueren Geschichte[3] (1929) S. 116. 118.

[23] T. Campanella, Sonnenstaat, übersetzt von K. H. Heinisch, Der utopische Staat, Rowohlts Klassiker der Literatur und der Wissenschaft 68/69 (1960) S. 119 f.

[24] H. Süssmuth, Studien zur Utopia des Thomas Morus, Reformationsgeschichtliche Studien und Texte 95 (1967) S. 15 f.

[25] R. Heiss, Utopie und Revolution, Serie Piper 52 (1973) S. 25.

[26] B. Gassmann, Die Welt und der Glaube, in: A. Ebneter u. a., Hat Glauben noch Sinn? (1972) S. 236.

[27] R. Garaudy, Revolution als Akt des Glaubens, Ev. Kommentare (1973) S. 342.

[28] J. Ortega y Gasset, Vom Menschen als utopischem Wesen (1951) S. 106 f.; vgl. H. Albert, Traktat über kritische Vernunft, Die Einheit der Gesellschaftswissenschaften 9[2] (1969) S. 174.

[29] W. Kamlah, Utopie, Eschatologie, Geschichtstheologie, B. I — Hochschultaschenbücher 461 (1969) S. 25. 31.

[30] K. Marx und F. Engels, Werke 19 (1972) S. 189—228.

[31] A. Neusüss, Utopie. Begriff und Phänomen des Utopischen, Soziologische Texte 44 (1968) S. 31.

[32] H. Marcuse, Das Ende der Utopie (1967) S. 12.

[33] L. Kolakowski, Der Mensch ohne Alternative (1960) S. 128—130; vgl. auch K. Mannheim, Ideologie und Utopie[5] (1969) S. 199.

[34] K. Mannheim, a. a. O. S. 33.

[35] E. Spranger, Psychologie des Jugendalters[5] (1925) S. 218.

[36] R. Ruyer, Die utopische Methode, in: A. Neusüss, a. a. O. S. 349 f.

[37] G. Quabbe, Utopie und Reform, in: A. Neusüss, a. a. O. S. 293.

[38] F. L. Polak, Wandel und bleibende Aufgabe der Utopie, in: A. Neusüss, a. a. O. S. 376.

[39] R. Heiss, a. a. O. S. 41.

[40] D. Riesman, Utopisches Denken in Amerika, in: A. Neusüss, a. a. O. S. 328.

[41] V. Gardavský, Gott ist nicht ganz tot[5] (1971) S. 59—61.

[42] K. Weber, Staats- und Bildungsideale in den Utopien des 16. und 17. Jahrhunderts, Historisches Jahrbuch der Görres-Gesellschaft 51 (1931) S. 309.

[43] K. R. Popper, Utopie und Gewalt, in: A. Neusüss, a. a. O. S. 317.

[44] G. Picht, Mut zur Utopie (1970) S. 87.

[45] M. Hess, a. a. O. S. 66.

[46] G. Picht, Prognose. Utopie. Planung, Schriften der Vereinigung Deutscher Wissenschaftler e. V. 6 (1967) S. 39.

[47] G. Picht, Mut S. 88.

[48] K. Mannheim, a. a. O. S. 169.

[49] G. Quabbe, Das letzte Reich. Wandel und Wesen der Utopie (1933) S. 19; B. Horváth, Der Sinn der Utopie, Zeitschr. für öffentliches Recht 20 (1940) S. 207; R. Ruyer, Die utopische Methode, in: A. Neusüss, a. a. O. S. 355; R. Hauser, Utopie und Hoffnung, in: Säkularisation und Utopie, Forsthof Festschrift (1967) S. 241.

[50] E. M. Cioran, Geschichte und Utopie, Versuche 1 (1965) S. 93.

[51] H. M. Enzensberger, Konkrete Utopie, Kursbuch 14 (1968) S. 145.

[52] W.-D. Müller, Geschichte der Utopia — Romane der Weltliteratur (Diss. Münster 1938) S. 9.

[53] Th. Nipperdey, Die Funktion der Utopie im politischen Denken der Neuzeit, Archiv für Kulturgeschichte 44 (1962) S. 362.

[54] A. Voigt, Die sozialen Utopien (1911) S. 17; M. Horkheimer, a. a. O. S. 64 f.

[55] L. Kolakowski, a. a. O. S. 126.

[56] P. Tillich, Die politische Bedeutung der Utopie im Leben der Völker, in: Der Widerstreit von Raum und Zeit, Gesammelte Werke VI (1963) S. 186.

[57] H. G. Rötzer, Utopie und Gegenutopie, Stimmen der Zeit 174 (1964) S. 357; R. Heiss, a. a. O. S. 37.

[58] M. Horkheimer, a. a. O. S. 62.

[59] K. R. Popper, Das Elend des Historizismus. Die Einheit der Gesellschaftswissenschaften 3² (1969) S. 54 f.

[60] E. Bloch, Atheismus im Christentum, Gesamtausgabe 14 (1968) S. 317.

[61] F. Lüpsen, Evanston Dokumente³ (1954) S. 13.

[62] P. Tillich, Systematische Theologie III (1966) S. 405.

[63] M. Buber, Pfade in Utopia, Werke I (1962) S. 844.

[64] Th. Nipperdey, a. a. O. S. 369.

[65] M. Horkheimer, a. a. O. S. 9.

[66] K. Kautsky, Th. More und seine Utopie³ (1947 = 1913) S. 131.

[67] H. Oncken, Einleitung zu Th. Morus: Utopia, a. a. O. S. 27.

[68] E. Bloch, Das Prinzip Hoffnung S. 603, vgl. ders., Freiheit und Ordnung S. 71.

[69] R. Havemann, Dialektik ohne Dogma?, rororo 683 (1964) S. 120.

[70] W. Krauss, Reise nach Utopia, Französische Utopien aus drei Jahrhunderten (1964) S. 438 f.

[71] Aristoteles, Politica II 5 p 1263 b 22 f.; vgl. H. Braunert, a. a. O. S. 9. 12. 24.

[72] A. Voigt, a. a. O. S. 7. 17; K. Weber, a. a. O. S. 309; J. Kühn, Geschichtsphilosophie und Utopie, Die Welt als Geschichte 11 (1951) S. 4; Th. Nipperdey, a. a. O. S. 374; M. Horkheimer, a. a. O. S. 60 f.

[73] R. Havemann, a. a. O. S. 144 f.

[74] J. Freund, Das Utopische in den gegenwärtigen politischen Ideologien, in: Säkularisation und Utopie, a. a. O. S. 114.

[75] E. Cabet bei W. Krauss, a. a. O. S. 441.

[76] P. Albrecht, Die Entwicklung einer ökumenischen Sozialethik, in: Die Kirche als Faktor einer kommenden Weltgemeinschaft (1966) S. 14 f.

[77] S. Kierkegaard, Der Liebe Tun, übersetzt von H. Gerdes, Gesammelte Werke 19 (1966) S. 151 f.

[78] E. Bloch, Prinzip Hoffnung, S. 582; vgl. ders. Freiheit und Ordnung, S. 48.

[79] E. Bloch, Prinzip Hoffnung, S. 582, vgl. ders. Freiheit und Ordnung, S. 49.

[80] V. Gardavský, a. a. O. S. 55.

[81] M. Honecker, Konzept einer sozialethischen Theorie (1971) S. 123.

[82] H.-D. Wendland, Botschaft an die soziale Welt, Studien zur evangelischen Sozialtheologie und Sozialethik 5 (1959) S. 191.

[83] W. I. Lenin, Referat auf dem 2. Gesamtrussischen Gewerkschaftskongreß, Werke 28 (1972) S. 436 f.

[84] A. I. Solschenizyn, Krebsstation 2 (1969) S. 137.

[85] M. Machoveč, Jesus für Atheisten[2] (1973) S. 13.

[86] P. Tillich, Die politische Bedeutung der Utopie S. 201 f.

[87] K. Barth, Der Römerbrief[10] (1967) zu Röm. 12, 21—13, 7.

[88] E. Bloch, Prinzip Hoffnung S. 551; vgl. Freiheit und Ordnung S. 13.

[89] E. Brunner, Das Ewige als Zukunft und Gegenwart (1953) S. 68.

[90] H. Braun, Jesus. Der Mann aus Nazareth und seine Zeit, Themen der Theologie 1 (1969) S. 131.

[91] Zur gegenwärtigen Diskussion vgl. G. Klein, Gottes Gerechtigkeit als Thema der neuesten Paulus-Forschung, in: Rekonstruktion und Interpretation, Beiträge zur evangelischen Theologie 50 (1969) S. 225—236.

[92] 2. Kor. 5, 17; vgl. P. Stuhlmacher, Erwägungen zum ontologischen Charakter der καινὴ κτίσις bei Paulus, Evangelische Theologie 27 (1967) S. 27—30.

[93] E. Käsemann, Neutestamentliche Fragen von heute, Exegetische Versuche und Besinnungen II[3] (1968) S. 23.

[94] Röm. 3, 19; 11, 12. 15; 1. Kor. 1, 20 f. 27 f.; 4, 13; 2. Kor. 1, 12; 5, 19.

[95] E. Käsemann, 1. Kor. 6, 19—20, Exegetische Versuche und Besinnungen I[6] (1970) S. 279.

[96] E. Käsemann, Gottesgerechtigkeit bei Paulus, Exegetische Versuche und Besinnungen II[3] (1968) S. 193.

[97] P. Stuhlmacher, Christliche Verantwortung bei Paulus und seinen Schülern, in: Evangelische Theologie 28 (1968) S. 168.

[98] E. Lohse, Die Erneuerung des Menschen und die Veränderung der Gesellschaft im NT, Göttinger Universitätsreden 55 (1971) S. 13; E. Jüngel, Erwägungen zur Grundlegung evangelischer Ethik, Zeitschrift für Theologie und Kirche 63 (1966) S. 381 f.

[99] Röm. 14, 9 f.; 15, 2; 1. Kor. 6, 7; 7, 4; 8, 13; 9, 19; 10, 24. 33; 13, 5; Phil. 2, 4.

[100] G. Friedrich, Wie revolutionär war Jesus? (1972) S. 16.

[101] G. Klein, „Reich Gottes" als biblischer Zentralbegriff, Evangelische Theologie 30 (1970) S. 669.

[102] H.-D. Wendland, a. a. O. S. 198.

[103] V. Gardavský, a. a. O. S. 57 f.

[104] E. Bloch, Das Prinzip Hoffnung S. 578; vgl. Freiheit und Ordnung S. 44.

[105] E. Bloch, Atheismus im Christentum S. 302 f.

[106] M. Machoveč a. a. O. S. 98.

[107] W. H. Schmidt, Ausprägungen des Bildverbots? Zur Sichtbarkeit und Vorstellbarkeit Gottes im AT, in: Festschrift Friedrich (1973) S. 25.

[108] W. H. Schmidt, a. a. O. S. 30 f.

[109] J. Becker, Erwägungen zur apokalyptischen Tradition in der paulinischen Theologie, Evangelische Theologie 30 (1970) S. 607.

[110] Vgl. Origenes, Comm in Mt. 14, 7 zu 18, 23, Die Griechischen Christlichen Schriftsteller 40 (1935) S. 289, 11—27; A. Schlatter, Die Geschichte des Christus (1921) S. 353; R. Otto, Reich Gottes und Menschensohn[3] (1954) S. 75; W. G. Kümmel, Verheißung und Erfüllung, Abhandlungen zur Theologie des Alten und Neuen Testaments 6[3] (1956) S. 107; G. Bornkamm, Jesus von Nazareth[9] (1972) S. 156; M. Machoveč, a. a. O. S. 98.

[111] Vgl. Mk. 9, 1 mit Mt. 16, 28, ferner Lk. 18, 29 mit Mt. 19, 29 und Mk. 10, 29.

[112] Vgl. H. Conzelmann, Eschatologie, Religion in Geschichte und Gegenwart[3] II (1958) Sp. 668 und H. Schlier, Reich Gottes und Kirche nach dem Neuen Testament, in: Das Ende der Zeit, Exegetische Aufsätze und Vorträge III (1971) S. 47.

[113] F. Bacon, a. a. O.

[114] M. J. Wolff, Englische Utopisten der Renaissance, Germanisch-Romanische Monatsschrift 16 (1928) S. 149 f.

[115] F. Meinecke, a. a. O. S. 116 f.

[116] H. J. Krysmanski, Die utopische Methode S. 1

[117] H. R. Sonntag, Zur Kritik eines Gedankens für die Zukunft, Kursbuch 14 (1968) S. 139 f.

[118] N. Berdjajew, Das Reich des Geistes und das Reich des Cäsar (1952) S. 197.

[119] G. Picht, Prognose. Utopie. Planung S. 39.

[120] M. Schwonke, Vom Staatsroman zur Science Fiction, Göttinger Abhandlungen zur Soziologie 2 (1957) S. 146.

[121] H. Gollwitzer, Die Revolution des Reiches Gottes und die Gesellschaft, in: E. Feil — R. Weth, Diskussion zur „Theologie der Revolution" (1969) S. 53 f.

[122] Mt. 25, 34; Gal. 5, 21; 1. Kor. 6, 9 f.; 15, 50.

[123] Vgl. Mt. 5, 20; 7, 21; Lk. 18, 29; Mk. 9, 43 ff.; Mt. 19, 12; Lk. 9, 60. 62.

[124] D. Bonhoeffer, Dein Reich komme!, Gesammelte Schriften III (1960) S. 275.

[125] E. Jüngel, Paulus und Jesus, Hermeneutische Untersuchungen zur Theologie 2² (1964) S. 190; G. Barth, Das Gesetzesverständnis des Evangelisten Matthäus, in: G. Bornkamm — G. Barth — H. J. Held, Überlieferung und Auslegung im Matthäus-Evangelium⁴ (1965) S. 58 f.; S. Schulz, Q. Die Spruchquelle der Evangelisten (1972) S. 261 f.

[126] E. Percy, Die Botschaft Jesu, Lunds Universitets Årsskrift NF I 49 Nr. 5 (1953) S. 196 f.

[127] R. Otto, a. a. O. S. 79—82; M. Werner, Die Entstehung des christlichen Dogmas² (1953) S. 70 f.

[128] D. Bosch, Die Heidenmission in der Zukunftsschau Jesu, Abhandlungen zur Theologie des Alten und Neuen Testaments 36 (1959) S. 44; O. Cullmann, Der Staat im Neuen Testament² (1961) S. 14 f.; E. Grässer, Das Problem der Parusieverzögerung in den synoptischen Evangelien und in der Apostelgeschichte, Beihefte zur Zeitschrift für die neutestamentliche Wissenschaft 22² (1960) S. 181 f.; A. Schlatter, Der Evangelist Matthäus⁶ (1963) z. St.; J. Weiß, Die Predigt Jesu vom Reiche Gottes³ (1964) S. 196 f.; E. Dinkler, Petrusbekenntnis und Satanswort, in: Signum Crucis (1967) S. 302; G. Strecker, Der Weg der Gerechtigkeit, Forschungen zur Religion und Literatur des Alten und Neuen Testaments 82³ (1971) S. 168; G. Bornkamm, Jesus S. 46. 60; N. Perrin, Was lehrte Jesus wirklich? (1972) S. 80 f.; G. Hoffmann, Studien zur Theologie der Logienquelle, Neutestamentliche Abhandlungen NF 8 (1972) S. 78.

[129] N. Berdjajew a. a. O. S. 133—137.

[130] L. Borinski, Die Kritik der Utopie in der modernen englischen Literatur, Die neueren Sprachen, Beiheft 2 (1958) S. 7 f.

[131] G. Quabbe, a. a. O. S. 115.

[132] N. Berdjajew, a. a. O. S. 135 f.

[133] R. Ruyer, Die utopische Methode, in: A. Neusüss, a. a. O. S. 357.

[134] K. Mannheim, a. a. O. S. 177.

[135] Th. Nipperdey, a. a. O. S. 362.

[136] E. Bloch, Atheismus im Christentum S. 346.

[137] R. Havemann, a. a. O. S. 120.

[138] F. L. Polak, Wandel und bleibende Aufgabe der Utopie, in: A. Neusüss, a. a. O. S. 365.

[139] F. L. Polak, a. a. O. S. 384.

[140] P. Tillich, Systematische Theologie S. 404 f.

[141] H. Schelsky, Planung der Zukunft, Soziale Welt 17 (1966) S. 161.

[142] H.-D. Wendland, Die Eschatologie des Reiches Gottes bei Jesus (1931) S. 59 f.

[143] B. Weiß, Lehrbuch der Biblischen Theologie des Neuen Testaments⁶ (1895) S. 51.

[144] A. Jülicher, Die Gleichnisreden Jesu II² (1910) S. 545. 576.

[145] Vgl. W. D. Marsch, Dein Reich komme!, Monatsschrift für Pastoraltheologie 46 (1957) S. 27.

[146] J. Weiß, a. a. O. S. 83.

[147] R. Bultmann, Theologie des Neuen Testaments⁶ (1968) S. 7.

[148] R. Bultmann, Jesus, Im Kapitel: Der Gott der Zukunft.

[149] J. Jeremias, Die Gleichnisse Jesu[6] (1962) S. 145—153.

[150] K. Barth, a. a. O. S. 417.

[151] A. Schlatter, Geschichte des Christus S. 353.

[152] E. M. Cioran, a. a. O. S. 109 f.

[153] K. R. Popper, Die offene Gesellschaft und ihre Feinde II, Falsche Propheten, Sammlung Dalp 85 (1970) S. 291 f.

[154] K. R. Popper, Das Elend des Historizismus S. VIII.

[155] O. K. Flechtheim, Eine Welt oder keine? (1964) S. 32 f.

[156] P. Tillich, Utopie S. 191 f.

[157] E. G. Mesthene, Religiöse Werte im Zeitalter der Technik, in: Appell an die Kirchen der Welt, Dokumente der Weltkonferenz für Kirche und Gesellschaft, hrsg. vom Ökumenischen Rat der Kirchen (1967) S. 43—45.

[158] J. B. Metz, Technik—Politik—Religion im Streit um die Zukunft des Menschen, in: W. Heinen und J. Schreiner, Erwartung, Verheißung, Erfüllung (1969) S. 164.

[159] E. Renan, Dialogues et fragments philosophiques (1876) S. 116.

[160] M. Schwonke, a. a. O. S. 144.

[161] E. Bloch, Prinzip Hoffnung S. 1410 f.

[162] Nach R. Lenz, Der neue Glaube, Bemerkungen zur Gesellschaftstheologie der jungen Linken und zur geistigen Situation (1969) S. 8.

[163] Vgl. Ch. Gremmels u. W. Herrmann, Vorurteil und Utopie. Zur Aufklärung der Theologie (1971) S. 87—89.

[164] Vgl. den Brief von K. Barth an E. Thurneysen v. 5. 2 .1915. K. Barth — E. Thurneysen, Ein Briefwechsel, Siebenstern-Taschenbuch 71 (1966) S. 33: „Ich bin nun in die sozialdemokratische Partei eingetreten. Gerade weil ich mich bemühe, Sonntag für Sonntag von den letzten Dingen zu reden, ließ es es mir nicht mehr zu, persönlich in den Wolken über der jetzigen bösen Welt zu schweben, sondern es mußte gerade jetzt gezeigt werden, daß der Glaube an das Größte die Arbeit und das Leiden im Unvollkommenen nicht aus- sondern einschließt."

[165] Vgl. H. Gollwitzer, Einige Leitsätze zur christlichen Beteiligung am politischen Leben, in: Die Kirche als Faktor einer kommenden Weltgemeinschaft, hrsg. vom Ökumenischen Rat der Kirchen (1966) S. 282.

Ferdinand Hahn / Wenzel Lohff (Hrsg.)

Wissenschaftliche Theologie im Überblick

Etwa 70 Seiten, kartoniert   *(Kleine Vandenhoeck-Reihe 1402)*

Die Gründung der Deutschen Gesellschaft für wissenschaftliche Theologie in diesem Frühjahr war Anlaß, eine Zwischenbilanz des Faches Theologie zu ziehen, wie es sich heute in seinen einzelnen Disziplinen versteht. Die Referate über die einzelnen Disziplinen vermitteln einen repräsentativen Überblick, der weit über den Fachbereich hinaus erkennen läßt, welchen Problemen sich die Theologie zusammen mit anderen Wissenschaften gegenübergestellt sieht und was sich heute von ihr erwarten läßt.

Walther Zimmerli

Der Mensch und seine Hoffnung im Alten Testament

187 Seiten, kartoniert   *(Kleine Vandenhoeck-Reihe 272 S)*

Angeregt von Ernst Bloch, der für sein „Prinzip Hoffnung" entscheidende Begründungen dem AT entnommen hat, legt der Göttinger Alttestamentler eine philologisch wie theologisch meisterhafte Untersuchung des Begriffs „Hoffnung" im AT vor. Er kommt zu dem Urteil, Bloch könne sein Prinzip Hoffnung nicht von der Bibel und ihrem Gott begründen.   *Wissenschaftlicher Literaturanzeiger*

Wenzel Lohff · Glaubenslehre und Erziehung

72 Seiten, kartoniert   *(Kleine Vandenhoeck-Reihe 1392)*

Wenzel Lohffs Interpretation der Grundsymbole des christlichen Glaubens verdeutlicht, daß die Glaubenssymbole keineswegs repressiv sind. Sie unterdrücken nicht die Selbständigkeit und Mündigkeit des Menschen, sondern motivieren und evozieren sie gerade, indem sie die Existenzbedingungen menschlicher Freiheit aufzeigen.

Walther Zimmerli · Die Weltlichkeit des Alten Testaments

162 Seiten, kartoniert   *(Kleine Vandenhoeck-Reihe 327 S)*

Dieses Buch ist aus Vorlesungen für Hörer aller Fakultäten hervorgegangen. Unter dem Gesichtspunkt ‚Weltlichkeit' will es gerade auch dem Nichttheologen etwas von den Aussagen des Alten Testaments nahebringen. Es wird gezeigt, wie der alttestamentliche Glaube, indem er seinen Gott in konkreter geschichtlicher Begegnung findet, schon im Ansatz einen entschlossenen Weltbezug in sich trägt.

VANDENHOECK & RUPRECHT IN GÖTTINGEN UND ZÜRICH

Jürgen Schlumbohm · Freiheitsbegriff und Emanzipationsprozeß
Zur Geschichte eines politischen Wortes
96 Seiten, kartoniert   *(Kleine Vandenhoeck-Reihe 1382)*

Untersucht und dokumentiert wird die Bedeutungsgeschichte des Wortes „Freiheit" als politisch-sozialer Begriff, und zwar im Hinblick auf die politisch-soziale Wirklichkeit und deren geschichtliche Veränderung.

Assar Lindbeck · Die politische Ökonomie der Neuen Linken
Betrachtungen eines Außenseiters
Etwa 100 Seiten, kartoniert   *(Kleine Vandenhoeck-Reihe 1383)*

Die „Neue Linke" ist keine homogene Gruppe, ihre Ansichten über das Ziel gesellschaftlicher Veränderungen und durch welche Maßnahmen sie zu erreichen sind, unterscheiden sich zum Teil erheblich. Einige Argumente, Forderungen und Grundvorstellungen über wirtschaftliche Sachverhalte kapitalistischer Gesellschaften und über die „bürgerliche" Volkswirtschaftslehre kehren aber in Schriften und Resolutionen immer wieder. Die wichtigsten werden in diesem Buch, das auf Vorlesungen in Amerika zurückgeht, aufgegriffen und eingehend diskutiert.

Fritz Dickmann · Friedensrecht und Friedenssicherung
Studien zum Friedensproblem in der Geschichte
183 Seiten, engl. brosch.   *(Kleine Vandenhoeck-Reihe 321 S)*

Inhalt: Vorwort / Das Problem der Gleichberechtigung der Konfessionen im Reich im 16. und 17. Jahrhundert / Rechtsgedanke und Machtpolitik bei Richelieu. Studien an neuentdeckten Quellen / Der Krieg als ethisches Problem in Antike und Mittelalter / Der Krieg als Rechtsproblem in Antike und Mittelalter / Krieg und Fehde im Mittelalter / Der erste europäische Friedensplan / Krieg und Frieden im Völkerrecht der frühen Neuzeit / Völkerrecht und Seerecht im Zeitalter des Absolutismus

Reinhard Wittram · Zukunft in der Geschichte
Zu Grenzfragen der Geschichtswissenschaft und Theologie
101 Seiten, engl. brosch.   *(Kleine Vandenhoeck-Reihe 235/236)*

Diese aus vier Vorträgen erwachsene Schrift führt die Gedanken weiter, die der Verfasser in seinen ebenfalls in der Kleinen Vandenhoeck-Reihe erschienenen Vorlesungen über das „Interesse an der Geschichte" entwickelt hat. Die Themen der im vorliegenden Band behandelten Vorträge lauten: „Die Zukunft in den Fragestellungen der Geschichtswissenschaft", „Möglichkeiten und Grenzen der Geschichtswissenschaft in der Gegenwart", „Das öffentliche Böse und das achte Gebot", „Bedeutung und Gefahren des Institutionellen in der Kirche".

VANDENHOECK & RUPRECHT IN GÖTTINGEN UND ZÜRICH

Zukunftsentwürfe und Zukunftshoffnungen sind entscheidende Faktoren jedes politischen Verhaltens. Im neuzeitlichen Europa sind neben die christliche Erwartung der Gottesherrschaft Utopien getreten, die als bewußte Zukunftsentwürfe das politische Planen zunehmend beeinflußt haben. Gerhard Friedrich verfolgt die wichtigsten gedanklichen Entwicklungen von den Anfängen im 16. Jahrhundert (Thomas Morus, Campanella) bis zur modernen „Realutopie" (Ernst Bloch) und den zeitgenössischen Negativutopien (Huxley, Orwell, Jens u. a.). Er geht den gemeinsamen Ursprüngen nach, arbeitet deutlich die Unterschiede, ja Gegensätze heraus, skizziert aber auch einige Gemeinsamkeiten zwischen dem politischen Ethos christlicher Hoffnung und den Zielen politischer Utopie. Die Darstellung, in der die Quellen ausführlich zu Wort kommen, leistet durch ihre klare Abgrenzung einen Beitrag zur Urteilsbildung über ein theologisch wie politisch wichtiges Thema.